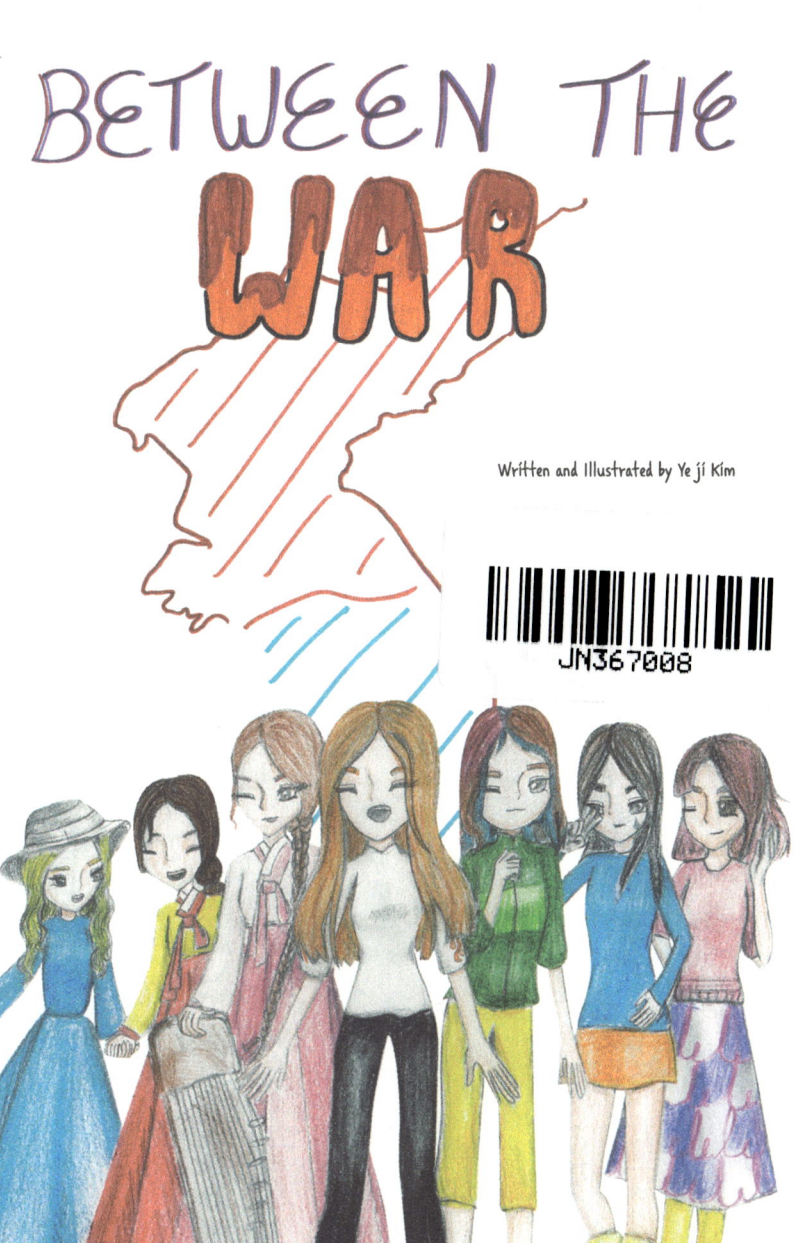

BETWEEN THE WAR

작가의 말

안녕하세요.
제주국제학교 6학년 김예지라고 합니다.

전 2011년 2월 12일 한국에서 태어났습니다.
저는 한국 역사에 관심이 많습니다.
그래서 한국 역사 책을 많이 읽습니다.
여기 3권의 책들은 모두 한국 전쟁에 관한 내용입니다.
제 상상속의 이야기이지만,
배경은 실제로 일어난 역사에 바탕을 두고 있습니다.

저는 심심할때마다 영어로 이야기를 만들며
작가가 되는 꿈을 키웠습니다.
그래서 좋아하는 역사를 넣어서 이 책들을 쓰게 되었습니다.
마지막으로 저는 제주국제학교에 다니기 때문에
아빠와 떨어져 있습니다.
외롭지만 저를 위해 힘써주신 아빠께 감사드립니다.

아빠, 사랑해요~

BETWEEN THE WAR

목차

1. Friends with the Enemy _7

2. Inside the Terrifying War _25

3. The Power of the Gayageum _57

4. 적과 친구 _77

5. 공포의 전쟁 속으로 _95

6. 가야금의 힘 _123

Friends
with the
Enemy

Written and Illustrated by Ye ji Kim

Friends
with the
Enemy

Chapter 1

"Aggh! I hate France!" I couldn't stop grumbling as I stomped down the street.

"What is wrong, Woon Young?" My dad blurted out.

"Well, I heard the news of French people digging up our king's grandfather's tomb and stealing his corpse!" I shouted like a roaring tiger.

Dad rolled his eyes and told me, "You mean the foreigners. Not only French people, and they already failed! I hate them too, but just forget it."

"But it's annoying!" I sighed.

I was born in 1854, and I am 12 years old. My mom died of pneumonia when I was only 8. Three of my sisters are older than me, and they happily have their own families. I don't have a lot of friends, to me, friends are as important to me as my parents, and I am always lonely.

I live near Duk Soo Castle. As my dad works in the government, people expect me to act like royalty, being calm and gentle to whoever I meet. I envy the other kids who play on the street, with friends and family close at hand. I sometimes pretend to be one of them, wearing common clothes and wandering around the crowded street market. It makes me feel alive. I learned a lot about how commoners live by observing as they go about their lives. I sometimes feel sorry for them because they can only eat simple food. Sometimes I'm envious of them, and in other ways I take pity on them. Overall, I wish to be free like them.

I was usually suspicious of foreigners, but it has changed of late.

Chapter 2

Someone shouted, "Everyone! The king's father executed French padres!"

"Yippee!" People cheered with excitement.

"However,... of the ten, I heard one managed to escape, which could spell trouble for us later on." A man said it carefully. Silence followed as the crowd knew what that meant.

The French padres were executed because they told people that every person is equal, but the royals disagreed.

A girl with curly hair and blue eyes passed by with her dad. She clearly wasn't Korean.

I asked, "What's your name?" as my dad went ahead.

"I'm Chloè." and I instantly felt resentment towards her for not being Korean.

"Where are you from?" I asked.

"France." Chloè answered my question worriedly.

"What!" I quickly tried to flee the scene. But she pulled me back. I was caught by someone I loathed. "Why are you here! You should be in France!" I said at the top of my lungs, because I couldn't handle it.

"Your country executed nine padres, right?" With her arms crossed and a sorrowful look on her face.

"Right. How did you know?" I mumbled.

"One of the padres is my grandfather, and my dad and I are going to have a secret funeral here," she said.

I froze. I didn't know anything about it. But still, I despise France with all my heart.

With all my might, I pulled myself free from her grasp and ran across the street to my father. I would never, ever want to meet her again.

Chapter 3

To forget the memory of yesterday I headed to the park with a few of my friends. Being with them put a smile on my face.

Woosh! There was a sound! Chloè appeared seemingly out of nowhere.

I gulped, anticipating what was in store for me, just then she smiled at me and said hello. We ran away together because if someone spots us, we can get into a heap of trouble! We ran and ran out of the sight of onlookers. Then we found a narrow road between two houses. We took a deep breath. We were exhausted from running.

After Chloe and I calmed down a bit, I smiled a little and said, "Thanks for running away with me."

"Thanks for saving my life. If I was seen by Korean soldiers I could be taken away from my family." Followed by a smile of appreciation.

While I was having a conversation with Chloè, I realized I was already enjoying talking to Chloe, also, she was kind and helpful. I would like to be friends with her, if she is not a French girl.

"I don't even know your name. Could you tell me?" She said, smiling.

"I'm Woon Young." I answered. I winked slowly. We laughed and joked together until I felt she was like a sister to me.

Suddenly, I stood motionless. I was petrified. "If my dad knows that I'm friends with you, he will punish me for hanging out with the enemy!" I shouted out of uncertainty what was going to follow. I paused, giving Chloè a chance to think about it too. Then we finally got an idea.

Chloè said in an excited tone, "Let's be friends secretly!" I agreed. It was going to be fun, but thrilling. If we could only keep our secret from my dad and her parents, it would be no problem at all. We agreed that she could wear a hat, so no one would notice that she is French. We then promised to meet again.

Chapter 4

From then on, Chloè and I met almost everyday. Then a week later, I came home from the street market after playing with Chloè. As soon as I came in, my dad was standing in front of the door, so close that his chest and my forehead had bumped together.

"Woon Young! Where have you been?! I have been looking for you for almost four hours!" My face turned bright red like a cherry tomato from the market. I didn't want my dad to know about it.

"Um.. I have been to the⋯" I couldn't lie. It was the rule for our home! "I have been to the street market." I said, with a sigh.

My dad's eyes got bigger. "Doing what?" He asked me with a dreadful voice.

"I, I, I was playing with my.. friend." I told him and stepped back, in case he tried to smack me very hard. "But I thought you would not mind! I just talked with Chloè!" I wasn't careful enough about what I said. Then I quickly covered my mouth. I've said her name!

"Chloè, that doesn't sound like a Korean name. Where is she from?"

I couldn't say that, even though he was my dad! "Dad, I⋯."

"Just tell me where she is from!" He hollered.

I closed my eyes. "France." I said it quietly. But my father's hearing picked it up.

"France! I should have known!" He stomped to the door.

"Dad!!! I⋯." I tried to stop him, but he locked the door, and shouted at me.

"From now on, you're not going out! What were you thinking!" I was sure that he was most likely going to smack me very hard. Also, his body was as hot as a pot, because he was so angry.

I asked if he would let me go to school only, so I could sneak out and tell Chloè. However, bad luck! The only word that my dad said was "never." My hope was dashed, and I slumped to the floor. I tried to tell him more about what happened and persuade him to let me go, but he already locked the door and put the key on the nail that was so high that I couldn't reach it even if I willed it.

Chapter 5

The day that we would meet came at last. I quickly pulled up a chair, and climbed up to get the key that was on the nail. I really didn't want to go against the will of my dad. I had to discuss my dad with Chloè!

'Hmm. Now it is 8am, dad is coming home from work at 5pm, walking to our meeting point would take 1 hour, so I can definitely come back by 4pm!' I calculated, and I had to swiftly because I promised to meet her at 9am! I took the key and raced to the street without delay.

At 9am, we thought about how to solve this huge problem. I told my plan and she thought it was okay. I needed this plan to succeed, as good friends are hard to comeby. If my plan goes awry, it will just make a bigger problem. When I told her about the war and about making peace between France and Korea, she didn't know about it. She may have thought I was joking, but it was true as I am Korean! She was disappointed in her dad that he didn't tell her. I couldn't believe that she didn't know.

"Anyway, is that plan going to work?" She asked in an unsure tone.

"Yup! Leave that to me! I will call you when I need help! You just need to tell your dad about it. Ok?" I answered bravely.

"Alright!" I ran home and I waited for our plan to take action.

Chapter 6

After a month, my dad packed to go on a business trip with other officers who also work for the government, and I knew he would be gone for 1 month or so. This required me to stay at home alone fending for myself, but I didn't mind. I had experienced it countless times.

"Stay home my girl." My dad said.

"Yes dad." I answered. In any case, that was the first lie that I've said in my whole life!

After he went to work, I took the key, unlocked the door, and ran as fast as my 12 year old legs would take me. I felt like a cheetah in the savanna.

I finally met Chloè near her house. Her house was in Huam Dong, which is near to the street that we met before. She went into her home, but all I could do was to open the window a bit and peek inside.

"Chloè! Where have you been?!" Chloè's dad barked at her, it was like my dad.

"Umm, I…" Chloè couldn't say it properly. I sighed. If she doesn't talk about us being friends, my plan will never get off the ground.

"She was on the street playing with me!" I said it to her dad, as soon as I entered her house.

"Chloè, you were playing with the Korean girl? I should have known!" Unlike my dad, he asked me. "Where is your dad?"

"He is in Hanyang on government business. Exactly, near Duck So Goog." I answered, winking to Chloè. She winked back. My plan seemed to work.

Clearly Chloe's dad had an interest in meeting him.

Her dad said in a confident voice, "I need to discuss your

friendship with him." He said.

We smiled. Our plan is in motion.

We followed him secretly, hoping he would not notice us going together. With Chloè and her dad, we finally arrived in Seoul. We hid behind a tree, watching him talk to my dad. They were arguing about us being friends.

I popped out. "Well, we can solve any problem by just being friends!" I shouted. It was part of a plan.

"Woon Young!!! I told you to stay home!" Dad shouted back. I never saw him so angry.

"I agree with Woon Young." Chloè responded bravely. In fact, I was surprised by how much she cared about our friendship.

"Chloè!" Chloè's dad shouted.

"Dad, I'm the one who is disappointed!" She replied. "You never told me that you were a general of the French army, and you were fighting against Koreans! The war is nearing its end. We can't win it."

My dad mumbled quietly. "I think she is right. You are losing your army."

"So please help us get peace! You just need to listen to our plan, please?" Chloe begged them.

"Alright. What is the plan?" Chloè's dad said.

I whispered. "Listen carefully⋯"

Chapter 7

My dad and I were heading to Seoul.

"I'm so proud of you." Dad whispered, smiling.

I smiled back. "Thank you for helping us start the peace process." I whispered.

When we arrived, we went into the palace to see the King.

"Dear majesty, Minister Moon Ji and his daughter Woon Young want to meet you."

The door opened. There was the king and his father.

We went down to our knees and bowed as a sign of admiration . I was a little nervous, but I said, "Dear majesty, I just wanted to tell you that France is worn out, so Korea needs to step out a little bit to reach a conclusion of this war."

The king's father smiled with a sense of pride. "You're right. Thank you for the positive news."

I suddenly had a question. When we went out, I asked my dad, "Why is the king's father doing all the work?"
"Ah, when the king was young, the king's father did all the work for him, and kept on doing it even though the king was

old enough." He told me, and I understood.

Later, I met Chloè on the street where we went over our plan. I asked, "What happened?"

"Well, I said stop fighting for the good of France and soldiers."

As soon as she finished, the man shouted, "Everyone! France has retreated!"

"Yippee!"

And from that moment on, we became best friends ever!

INSIDE THE TERRIFYING WAR

Written and Illustrated by Ye ji Kim

INSIDE
THE
TERRIFYING
WAR

Chapter 1
Start of the adventure

Ding! Ding! The school finished promptly at 3.15pm. Students rushed out of the school and cheered because it was Friday. However, no one could be more excited than me. Today is my birthday and I will have a party after school. Yebin (my bff), Tina (funny girl), and Haeso (narcissistic girl) rode the same school bus to be able to attend my party.

When we arrived at my house, many guests were waiting for us. Yebin's mom, Tina's mom, and Haeso's mom, and of course my parents were all there for my birthday. "Happy Birthday!" They blurted out.

"What did you learn about at school, Haejin?" My mom asked me.

"The war of Imjin Whelan, which was a total bore for me," Tina grumbled.

"I agree, it is way too BORING for somebody as interesting as me!" Haeso agreed, narcissistically. "I don't understand why I, who is so beautiful, cute, lovely, smart, and cool, need to learn stupid history."

"Why?" My mom asked. "Why is it boring? History teaches us how we got to this point in our present day."

Then Tina told her, "(Sigh,) History is just too long!"

Yebin also agreed with Tina and Haeso. I just told them, let's go to my room with a sigh, "Guys, why are you bored learning about the Imjin Whelan war?" I asked after we got in my room, but they just looked at me with blank stares.

"Why do we need to know about it?" Tina finally asked,

"The Imjin Welan is a serious conflict between Japan and Korea! You have to think about the implications that are even felt today!" I answered, in an annoyed tone. I thought if I said something like this, they would understand what I meant. However, no use! They just played, and continued to ignore me.

All of a sudden, we heard a whooshing sound! The sound got louder and louder, as if a tornado was going to gobble our house! We were horrified, especially me. But do you know what happened? That shocking sound stopped and a giant circle made of light green appeared, floating in the air. It was like a blackhole, but only green. I looked at the clock and it read 4.45pm. As the green circle absorbed us, we spun around. It was larger than we expected once we were inside. I was dizzy, but I was more interested in where we were going, and what would happen. Then the unexpected adventure started.

Chapter 2
Start of Joseon Dynasty! July. 14th, 1592

We were all dumped out of the greenish blackhole with a thud. We didn't know where or when we were. We could see that our clothes changed. Our jeans and t-shirts were replaced with hanboks.

"Where are we?" Yebin asked, looking around.

I answered, "Maybe we are near the sea, and it looks like people are wearing Joseon era clothes. It looks like we came to the past!" I answered, but I couldn't guess what we were required to do to get back home.

The fear of our situation made us quiet like church mice. Except for Haeso, "I can buy a lot of beautiful things here! I want to live here! Yay!!!" she cheered. We sighed. We didn't know what to do.

"Let's ask people about the green light that we were absorbed in!" Yebin suggested logically. We were not so sure any people would know about that strange light, but no one had a better suggestion. We went to ask locals about it, but as we expected, no one knew.

Then we heard a wailing sound behind us. We turned and saw Haeso screaming in shock. Some soldiers were killing citizens by slashing them with their swords! We were all horrified at the sight. Suddenly, Yebin shouted, "Run!"

But it seemed Tina didn't want to. "Hey, guys! Let's ask those soldiers the reason!" She called out. Then she ran, no I mean, marched towards them alone. With firm confident steps. The rest of us didn't want to leave her alone because she could be the next victim. We followed her carefully. She asked them. "Hi, I am Tina. Why are you killing citizens? Are you⋯."

Then I stopped her from saying anything more by covering her mouth with my hand. Then I whispered, "I think they're Japanese! Look at their uniform!"

Surely enough, the Japanese soldiers turned their attention towards us. Then they shouted, "Go back! Don't stop us from doing our duty!!"

"Stopping your duty? Ha! I bet no one will ask violent guys like you to kill them!" Tina shouted, ignoring me.

"Tina! Stop! They can kill you with that sword, just as easily as they killed those unarmed citizens!" Yebin shouted from behind, "Run! They are going to do the same to us!"

Then we ran, but soon enough, we were encircled by Japanese soldiers.

'We had fallen into a cruel time period when the Japanese were ruthless to Korean people,' I thought.

Then Yebin said, "I'm guessing we have no plan to get out of this mess...I got it, let's distract them," she commanded.

We yelled and we ran and ran as fast as our teenage legs could take us. Tina ran with all her heart, but tripped over a rock and fell into a bush (hidden from her attackers). Others just yelled, "Aaaagggghhhh!!!" as they bolted down the dusty street. I was kicking Japanese soldiers left and right and soldiers were falling with every kick. This helped Yebin and Tina get away from these monsters.

Then I heard Haeso crying, "Help! I am too beautiful, cute, lovely, smart, cool, and handsome to die at this age! I am only 13!!!"

I looked back. Haeso was closing her eyes tight, caught by a giant Japanese soldier who lifted his sword up. I didn't agree that Haeso was so beautiful, cute, lovely, smart, cool, and handsome, and I couldn't stop that Japanese soldier, if I wanted to. But…of course, she is my friend and her life is worth saving.

I shouted at that strong man, "Hey! Put down your sword and let her go!!"

"Don't say another word!" he yelled, he dropped his sword from chest high and it began to free fall towards Haeso's head. I was terrified and I had to act fast.

Chapter 3
Lee Shunshin! Our hero!!!

I ran and hit the handle of the sword. I could hear Haeso screaming, 'Did I hit it away enough or has it pierced Haeso?' I looked down and my friend was still in one piece. I was relieved that I was able to save someone even though she is the most vain I know.

"Haeso, RUN, this is our chance to escape." However, behind me I saw hord of Japanese soldiers holding their weapons. I gulped. 'I bet we are done for.' Then I saw a soldier dropping to the ground as blood was squirting from his stomach. Then I saw many more of them dying. Everybody gasped at the sight of a Korean general saving us!

After the rest of them fled, he asked me, "Are you okay?"

I slowly answered. "Yes, I think so⋯I am Haejin and this is Haeso. They are Tina and Yebin. Um, what is your name?"

"Lee Shunshin. Why?" He said, curious.

I was amazed. "Really?! Wow!" Then I told Yebin, Tina, and

Haeso, excitedly. "Lee Shunshin is a famous general who fought in Imjin Whelan 23 times and won every battle. He was born on April 28th, 1545, and died on December 16th, 1598. A statue of him was constructed in front of Gyeongbok Palace in Seoul in 1968." I realized he was in earshot, so I stopped because I didn't want to spoil his whole life.

To my great relief, when I glanced over seeing him talking to other soldiers. He clearly wasn't focusing on my words. Then the soldiers marched off, it was my chance to ask this legend a question. I encouraged him to let us join him in battle because I wanted to show Yebin, Haeso, and Tina the importance of Imjin Whelan. However, he told me 13 years old was too young to fight.

I was eager, so I tried one more time. "Please, I can help you! I promise to be loyal!"

Since I asked so many times, he said okay. I yelled, "Yippee!!!" Then I told Yebin and Tina to come. You might be asking why I didn't ask Haeso to come. She beat us to it. The moment I had my head turned, she had already put on a uniform with a sword in its holster. "Yippee! Come! You can be famous if you fight with him!" She shouted, running very fast like a cheetah to the turtle boat.

But Yebin shook her head. "Haejin, it is dangerous. You know people die in wars, right? On top of that, if you are going to fight, heading to the Japanese side would be safer to observe the battle because they look more powerful!"

She said, "But Lee Shunshin General battles didn't cost too many Koreans during the war. However, countless Japanese perished. Korea won 23 times in 23 wars with Lee Shunshin." I answered. Sometimes I get annoyed by her. "Really."

"Then you go. I will view history from the Japanese side. Tina, Do you want to go with me? It is ok if you don't want to come with me. I will go by myself." Then Yebin went in search of the Japanese navy with Tina close behind.

I yelled out loud, "Yebin, you are a buccaneer! Just know that, you guys are buccaneers!" (Buccaneers are often called to someone who had given or changed their country to another one for their advantage.) Then I turned around to Lee Shunshin and walked by his side. I had to find Haeso, who was the only one who was with me.

Chapter 4

Green/blue light and the war!

I got between Haeso and Lee Shunshin. Haeso was distracted by the beautiful things from that time period, and I asked Lee Shunshin some questions.

I asked him, "When did Imjin Whelan start?" I knew it was weird to ask, but I had to know it.

"It is um···.. Let me see···.. Oh! It has been 3 months and one day since it started!" Lee Shunshin answered.

Then I recalled that today the Hansando Daechup war will start! I turned to him again and asked, "Sorry to ask you this, but can you do me and my friends a favor?" I asked, not knowing if he would know.

"What is it?" He asked me.

I asked, "Do you know anything about the green light that makes the circle and absorbs a huge amount of things like a blackhole?" I wanted to go home, and I thought Lee Shunshin would know because he seems to know everything. Also, Yebin, Tina, and Haeso, I mean not Haeso, will agree it is time to go home.

"Um…… did the tornado sound start before making the green light?" He asked.

"Yes."

Lee Shunshin thought and thought. Then he answered. "Well, the green represents history. And blue stands for future. But why are you asking me this silly question?"

"Ah,... I …..!" I murmured.

"General! The king had called you! Quick! He said it was an emergency!" The soldier said to him, so that was the time I had to stay with Haeso, who keeps on saying she is so beautiful, cute, lovely, smart, cool, and handsome. I sighed every time I thought of her behavior. She was pretty. Yeah, she *is* pretty. But I think she is not so smart, cool, or lovely. Then abruptly we heard the sounds of war with many bangs and pops filling my ears.

"The war has started! Japan came to Korea's Hansando!" People yelled. Then I found that Lee Shunshin was running towards us!

"Come! Quick! It is dangerous!" Then he grabbed our hands. I was amazed that a fierce general can care a lot about others.

Anyways! Have you ever wondered where we went with Lee Shunshin?! We went to the boat! The boat where Lee

Shunshin general commanded. I felt so excited, I felt like floating. Lee Shunshin told me and Haeso to row at the safest place. Then the war started. I picked up the nearest oar and I used it to row. Soon our speed was picking up. 'Why, it is so easy!' I thought. Then I ran to see if Haeso was doing well. But my spirit went away when I saw her sleeping. I sighed, No wonder why she was so quiet. How could she sleep during a battle?! She must be a heavy sleeper. I thought to myself.

Then I tried to wake up Haeso. Not 1 time. 3 times! First, she kept on snoring and snoring. Second time, she just opened her eyes and in a second she was sleeping again and snored. The last time, she shouted, "Don't interrupt this beautiful, cute, lovely, smart, cool, and handsome girl's lovely dream!!!! Akkkkk!!!" Then I got mad at her.

"If you don't want me to help, then you can live here by yourself!" I said. Then I soon thought I was the only one who was into this history trip.

After the war finished, I went to Lee Shunshin. Haeso followed me. "Hey! Haejin! Why did you not wake me up!? You had to wake this beautiful, cute, lovely, smart, cool, and handsome girl because there is a war going on!"

I sighed and answered, "You said to me don't wake you up if you are sleeping." Then I turned to Lee Shunshin. "General, what made the green and blue light? You couldn't answer it because of Hansan--- no I mean the war. Can you answer my question?" I asked. "If I know more about this strange light, I think I can go home."

He smoothed my head then he answered. "I am not sure, Haejin, but I bet someone has the blue key. If you find the green key, you can find the blue one… It will be harder to find the blue key because it teleports when the hole opens. " I felt excited, but it didn't last long. Then I looked around searching for a plan to find the green key.

That is when I tried to find Yebin and Tina. I needed some help to find the green key, and I couldn't call her on the phone. Even though Haeso said she would help me, she kept on shouting about the Wifi. I thought she was just disrupting. Then I found two people that looked familiar, but I was not very sure. Is it Yebin and Tina? But no because they went to war with the Japanese, then they had to be on the Japanese side. They must be all wet because Lee Shunshin destroyed all of their boats.

But why why! It was them! They were looking at the Japanese broken boats, and tears ran down their cheeks. I could tell they were upset, but they should know that they are on the wrong side of history.

Thinking that they betrayed Korea, I started to walk away,

but I realized that we needed each other, if we hoped to eventually return home.

Chapter 5
San, the Japanese friend

My speed increased with every step. I wished they had forgotten that I said they were buccaneers. 'I should have persuaded them before, opposed to just shouting at them.' I thought. Even when Korea won the war, even when I found them, I could only feel my tears falling slowly down my cheeks. When I looked at them, I realized they are my friends. Then oh my! Tina looked at me! I was surprised because we saw the others with no time to waste, but I acted like I didn't care. I blurted out. "Why, why are you⋯....." I said, then Yebin turned and a pair of angry eyes were suddenly fixed on me.

"Why did you come? Go. Go away from the buccaneers!" She shouted in a strong voice. "I said go away!!!" Next, she cried. This time, everyone saw her.

I walked near her then I sat down. Tina watched me suspiciously. "Why are you here?! Are you going to tell the king that we helped Japan?! Go! Go away you bad⋯.!!!" She shouted.

I sighed. Then I put my hand on Yebin's back and told her, "I am not going to tell anyone. We are friends, remember? Yebin, don't cry! Please! I didn't mean to hurt your feelings!"

However, only Tina shouted at me. "No way! Then why did⋯...."

I shouted angrily to her, "You are asking me, if I don't plan to tell the king, then why am I here?! I came because I needed your help, okay?!" I told them in a calmer voice that we needed to find the blue key.

We were starving as we hadn't eaten even a single crumb for a whole day. I had now one wish. I wanted to go home. I sighed and looked at every pocket that passed. No. No key. "Nooooooooooo!!!" We looked around where that sound was coming from. A girl who looked like our age was making that sound and crying very hard.

Then Tina and Yebin shouted. "San! What is wrong?!"

Yebin listened to the girl named San and cried with her. "San? Your name is San? Why are you crying, and why are you here? I think you are Japanese, by the look of your outfit!" I asked, suspiciously; then San answered that she came here because the evil General of Japan named Doyotomi Hydeyoshi sent her family here and she heard her grandfather died. She also told us that she was 13 like us.

43

Then she jumped all the way around like a rabbit with anger because of her grandfather's death, then me, Haeso, Yebin and Tina saw an amazing thing.

Something that looked like a giant sapphire. It was our blue key!!!! We were all thankful that we now have a way home.

San put it in her pocket again. San stared at me. Then we asked San about the blue key. She just said, "I didn't know you guys needed it. I just found it on the ground. This is my family's most important heirloom. But why do you guys need this?" She questioned.

Tina said to her. "Um···. Actually, we are from the past. We are from 2015." And then she also told San about how we got into the past from the future. "Can you help us?" Tina asked.

"I want to help. However, this is important to our family. Even though I'm ok, what about my family? They will never give it to you, just so that you can go home."

Yebin asked. "Then can we just use it once to open a time hole?"

But San said the key teleports to another place if we use it. 3 years ago, she rubbed it so much and made a blue door. Then the key disappeared somewhere and she found the key for 5 weeks.

That's when Yebin, Tina, and Haeso were pleased a lot to

ask to use that blue key. Then even though we knew they wouldn't give us the key, we asked her parents.

However, they said no. They told us that if we help their family, they said they will think about it. They gave us food and water. But how could we help San's family? That was the question.

The bigger problem was Haeso. She asked the parents, "You will want to give that treasure to this beautiful, cute, lovely, smart, cool, and handsome girl!"

"But this is⋯." San's dad said, pointing to the blue key.

"No, not that blue key! I desire that shiny jewel over there. It is so beautiful, cute, lovely, smart, cool, and handsome like me!" She said, her eyes twinkling.

It was making us ashamed. We often shouted, "Haeso!" But she was in a different world.

"Then well, if we can't, we can go. Thank you." I said, then I called Yebin, Tina, and Haeso to come and we went on our journey back to Hansando.

Chapter 6
A true buccaneer appeared!

While we were on the journey, I kept thinking about San. I didn't like her too much, and to top it off, she was also a girl from Japan. I hated Japan with all my heart, so I asked Yebin about her, "Yebin, what do you think about San?"

Then Yebin scowled at me and finally asked, "Why?"

"Just." I said, "(Sigh), I just think, I don't like her that much."

"Really? How can you say that?" Yebin shouted madly. That made her heartbroken, I guess. "She was kind, and she was cute, too! She also was poor, so we had to support her. She is just like us, except she is Japanese and also tends to be negative⋯"

"That's the reason I don't like her, ok? I don't like her because she is Japanese!" I raised my voice like a mom who saw me reading a comic book.

"San doesn't hate you!"

"I just don't like her! She stared at me with vicious eyes, too! I know you didn't see it, but I saw it⋯ Really!" I looked at Haeso and Tina. "I don't want to go around with you now, Yebin. I know Haeso will come with me. Tina, do you want to come with us, as well? I bet if you help Yebin, you will go to war against Korea and lose. I prefer that you come with us."

"Oh, okay⋯" Tina said, then the 3 of us walked away from Yebin.

Chapter 7
Japanese and Yebin, our enemy

We met Lee Shunshin again. He had now become like a family member. He even acted like a long lost uncle. He also cared for us, even though he was very busy. He had a lot of battles to win. Tina and Haeso learned about the importance of history ,especially Imjin Whelan. Before we knew it, it was now 1597. It was 1 year before the war ended. The meaning of the end is the death of our hero, Lee Shunshin.

The war was going on for so long, that it felt like a normal part of life. If the people yelled, "Japan will attack in ___!" Then, like a routine, we go to the boat and sail there to aid any survivors. Of course, most of the time, Haeso just slept.

I was very happy when Lee Shunshin came out of prison. However, while he was in jail, a person named Won Guin lost the war. There were only 13 boats left, so Lee Shunshin became the general, yet again. That day, we went to battle. People yelled, "Japan will attack Meonglang!" Then we went into a boat like usual to prepare for their navy.

Lee Shunshin looked worried this time because we only had 13 boats left. He shouted, "Go!" but no one wanted to fight because we were severely outnumbered. Lee Shunshin then shouted, "If you are afraid of death, you will die, but if you are brave for the country, you can live!" Then only our boat moved to fight.

For 30 minutes, one boat from Korea and 333 boats from Japan fought. Lee Shunshin destroyed a bunch of boats, and soon enough all the others joined him in battle. The sailors tried as hard as they could and in the end, we won!

But today, I saw someone very, very familiar. Who was it? Mom, Dad, Yebin? But I didn't think it was Yebin because there were two people on the Japanese boat. I tried as hard as I could. Could I see them? Wait. Is that⋯..

Yebin and San? I dropped the oar into the sea. I stared at them. I was now really sure I had to tell Yebin about her being a buccaneer.

I went out of my boat and joined Yebin on the shore, who had swam from her sinking boat. She was all wet. "Yebin! What are you doing?! Why are you on Japan's side?" I yelled, "I think I know now, you want to become more Japanese. If you want to give your whole life to being a buccaneer, you can just live here and never come back!" Then I stomped back. It was enough, I thought.

"Haejin! HAEJIN! Stop! Let me talk to you for a while." Yebin shouted and she ran to me. I believed my plan was the right choice."

"What is your plan then?" With an annoying tone. "What?"

Then Yebin told me, "Don't you care about going home? San's mom said if we help, we could borrow a key! I was doing something nice for them!"

This calmed me down and put water on my anger."But it didn't mean you had to be on Japan's side and help them, we can think of a new idea." I said. Then I suggested, "What about making a plan together? Haeso and Tina are on the ship! Come!" I said, then we ran to Haeso and Tina, who were already climbing out of the boat.

Chapter 8
Our secret plan for San

We all sat in a circle, thinking about the plan. "Should we go and ask if they would like to join us? They said they don't like Doyotomi Hydeyoshi who is Japan's general! They said they were petrified of him." Yebin said, but I shook my head. "What would Lee Shunshin generally feel if we helped her?" I said, and I got an idea. I told all of them, and our plan started instantly.

First, Tina ran to ask San's family if they could stay in Korea and live happily, but San's father told us he was thinking about it, but they were too terrified of the soldiers discovering their plan. Then Yebin and I helped San's family to pretend to be Korean.

However, we had forgotten about Lee Shunshin's death. At the last battle called Noliang Haejeon, Lee Shunshin had died from a bullet fired from a Japanese soldier. Everyone felt sorrow for our lost hero.

One year later, the Japanese soldiers gathered all the

Japanese people and went back to Japan, but the soldiers went past San's house. The problem was solved!

Chapter 9

Going back home...

Yebin, Tina, Haeso, and I were walking to San's house to see if San's family was doing well. "This is all because of my beautiful, cute, lovely, smart, cool, and handsome plan!" Haeso said. Really, for 6 years she hasn't changed a bit!

It was a little weird that our height didn't change. I thought about the birthday party that changed everything. Oh, I missed my parents, I would love to meet them. But I guess staying here is not so bad even if we had no protection. I also thought about the war we fought. Lee Shunshin wasn't there because he died at Noliang Haejeon (last war of Imjin Whelan), also all the Japanese occupiers left Korea. Except for San and San's family of course who became citizens. I smiled. Now peace has come again to the peninsula.

We arrived at San's house. "San? San! Are you there?" Tina asked, "San!" Then unexpectedly, the whole family came out. "Oh, hi! Hehe.." Tina answered.

"Are you Tina, Haeso, Haejin, and Yebin?" San's father asked, so we all answered, "Yes." Then he held our hands. His hands were huge compared to ours! "Thank you." He said, "Thank you for saving our daughter's life at sea, Yebin, and I also want to thank all you guys together because you saved our lives."

"Umm,... But why did you want to come to Korea?" I asked.

He answered, "It is because we didn't like to go to war, also, if we fought with Korea, we were sure to lose. Anyways, that is not the reason I wanted to meet you today. I want to give you this." Then San's dad handed them a box. We opened it. We all gasped. The blue key!

"You will give this to us?" I asked, very thankfully.

"Yeah, we will fulfill our promise, as we are grateful for all of your help. Now, your family won't have to wait much longer. You can go now." He patted my shoulder to signal, have a safe journey.

"Thank you! Thank you very much!" We all shouted, then we went to the alleyway. "Bye!" We shouted, and we rubbed the key as hard as we could. Again the tornado sound appeared and the hole absorbed us.

I landed on my bed, and the others fell on the floor with a bang. I looked at the time. It was the same time before the adventure. It was 4:45, which met no time had passed. Then the door opened and it was our mom. "What happened? Why are you so loud?" My mom complained, so I answered.

"Mom, we had an adventure!" I said, as all of the adults looked at me as if I were lying.

"Yeah! We also learned about the importance of the Imjin Whelan!" agreed Yebin, and all of us started to tell the facts about the Imjin Whelan.

"Oh, my! How did you guys find your love of history" asked my dad,

"(Sigh), it's a long story!" answered Tina.

My mom shrugged, "Well, okay, now we have got some watermelon in the living room." She told us, and we ate, while thinking about our adventure.

2 years later···

My mom and dad called me from the living room. "We have a present for you." Mom told me, and handed me a small box with green decorations along the edges. When I opened it, a green flash of light surrounded the whole house. Then I could see a green key that looked like an emerald, which was so familiar to me.

"It's a key that lets you go to the past. If you go to the past, you can always find a blue key." My dad smiled as he observed me. "I think you will like it."

However, I was so surprised, I couldn't say anything. It was my parents who led us into our adventure.

The Power of the Gayageum

Written and Illustrated by Ye ji Kim

The Power of the Gayageum

June 25th, 1950 (Morning)

Today, I heard the most terrifying news of all. First, it was just a normal morning, and I was fanning myself, while I was drawing our family. Then I heard it. Young-i Unne's voice.

"Young-a! Where are you!" She yelled, I could hear her stomping in the hallway.

"I'm here!" I called, and I went out of my room to greet her.

She was panicking, as she suddenly ran and grabbed me. "North Korea invaded South Korea today." She said while having trouble breathing, but I didn't believe her. She liked pretending a lot, and I thought this was too unbelievable to be true.

"Seriously Unne." I said as I rolled my eyes, "You're now 16. You need to know the truth." Then I turned to go into my room, but she grabbed me and pulled me towards the main door.

"Look!" She said, as she pointed. I could see it was real! People were running around and preparing for war.

"Young-a! Young-i! Take Young-sim, Young-ho, and your Umma and come in the house!" Abba ran to us and went inside.

I looked at Young-i Unne. "Is that true?" I asked, with a surprised expression on my face. She nodded, and we started to look for our family. The war had begun.

June 25th, 1950 (Evening)

I heard rumors, but I never would have thought it would happen so quickly and unexpectedly . The North Korean soldiers invaded Seoul. We had no time to pack and run away. We locked our doors, and me, Young-ho Obba, Young-i, and Young-sim Unnes fled to my room. We hid under the blankets and shivered in fear. We heard bombs exploding overhead. We couldn't be still because we didn't know if our Bumonims were safe or not. Then I heard our Umma screaming. They ran towards us and pulled us out of our hiding spots. However, Abba was caught.

Umma brought us behind the tree to remain out of sight of the soldiers.. "Joyoung!" She told us. Her voice was as sharp as a knife. "Joyoung" is a Korean word for "hush".

We slowly inched our heads to the side of the trunk hoping to get a glimpse of whoever took Abba. They saw North Koreans looting anything we had of value. Then they attempted to throw a torch to set fire to our home. Abba tried to stop them, but instead they stomped on him. I tried to help him, but Umma grabbed me, and told me to not move, even a little. Abba was seen bowing to the enemy in the hopes his family would be spared. I could see tears running down his cheeks.

I guess those soldiers were feeling compassionate that day, and let us all go. Our neighbors gave us a pile of dirt that we used to build a small round house together with a thick blanket lining the inside. We were able to feel warm and somewhat protected yet again.

It was a relief that I had my brush and my papers, so I could write a daily diary.

June 30th, 1950

Even though I had a 16 years old twin Unnes, and a 18 years old Obba, we couldn't find a way to earn money. We had 500 won on the 25th, which we used to survive on. Our family ate half an apple a day. By day 5, all the money dried up, so we were going to starve. Then around 5 o'clock, a woman visited us.

Abba greeted her by inviting her to their home. She was as skinny as a rail! Surprisingly, that thin woman was asking for a 7 to 12 years old girl to come and become a guisang for her Guisangjib, who plays music or dances for important people. She told Umma that the job pays well.

My Bumonim were concerned. They didn't want to send me away, but I wanted to help out my family. I told the women, I am 8, and I wanted to be a guisang. She smiled.

Me and the women looked at my Bumonim. They sighed. They agreed that I should go and I went with the woman, and she told me that she was going to teach me her art. I could feel Umma looking at me as I walked away. I hope she could be courageous and think this is best for the family.

July 1st, 1950

My gayageum Seseung told me the basics, the sitting poses, where the hand goes, and the sound of that instrument in her Guisangjib. She played an example for me. The sound was as beautiful as my Umma's melody. The song was relaxing, and I loved the melodies. She seemed so graceful as she sang. She told me the title of that song was Arilang.

"What do you think?" She asked,

"I, I love it!" I said in an impressed tone, I told her I wanted to try it now. She slowly, and calmly taught me. I concentrated, knowing the importance of me learning this skill for my family back at home.

By nightfall, I received 100 won for my day's work. I skipped home, happily with my 100 won imagining the smile on my Umma's face.

July 3, 1950

My Seseung was amazed how fast I learned. It has been only 3 days, but now I am able to play Arilang by heart. She told my Bumonims that I'm very talented. She gave me my own gayageum as a present.

For a moment, I was so happy. I felt like I was floating on a cloud. "Kamsahamnida!" I said, as I hugged her, she smiled. She told me that she had to visit her Bumonims, so she said, I had to teach myself for two months.

"Young-a, please keep on practicing, and by the time you become an adult, you will be a famous musician." She told me, and I nodded.

'I will teach myself all the songs I know!' I promised to myself, and she said she would help our family get out of poverty. She gave Abba 20,000 won, which allowed us to purchase what we needed to drive away our hunger. I knew at that time my Seseung was an angel from the sky.

July 5, 1950

Learning gayageum by myself wasn't easy, but I managed to play Arilang without a mistake in only a few days.

I was told by my Seseung to perform in the Guisangjib, where important people play and rest. In the evenings, when all the nobility leave, I return to my family.

I know that the 20,000won from my Seseung and the money that I earn will greatly change our families fortune.

Our family can eat well everyday. I feel the best since the onset of the war. I want my family to feel normal like we did before the onset of the war.

July 28, 1950

I heard that a general named MacAuthur's UN soldiers lost the battle at O-san. We were South Korean, but in North Korea's territory now. It was better than being in a warzone with people having to dodge bombs and bullets, like on the first day. I felt how lucky I am, and I wanted a peaceful world with no killing and death. I hope the fighting ends soon.

September 28, 1950

I don't know whether to smile or to mourn. South Korea and the UN were able to take back Seoul. However, we had to hide and run away, plus many people died during the fierce battle. I felt bad for all the death and suffering felt on both sides.

September 30, 1950

My Abba just told me that my gayageum Seseung had been killed by North Korean soldiers on the 28th. I'm shocked that soldiers would do such a thing to such a lovely person.

I was in denial. I shouted, "That's not true! She had not passed away!" Then I ran towards Guisangjib to check if this really happened. It was true.

All day long, I didn't do anything. By nightfall, I knew it was time to come to terms with this horrible loss. I played the song called, "Cheonneonbawee" to try my best to forget my sorrow.

I could see Obba peeking through the window. He called Umma and Abba to watch me. I kept on playing, but I knew many eyes were watching me. They looked at me in amazement. They went back as soon as the song ended and began talking about how I adapted to the death of my Seseung. It is true that I feel sorry for her, but I know I must move on.

January 5, 1951

Tomorrow, we had to flee to Busan, which is in the south of the country. Seoul was invaded by the North yet again. It's a mess here. It is safer to travel together, so our family will join other Seoul residents tomorrow as they migrate to the south. The North Korean soldiers commonly have been executing South Korean men by tying them to trees and shooting them if they don't join the north. For Abba and Young-ho Obba sake, we had to leave.

January 7, 1950

We lost the group, as it was difficult keeping up with our large family in tow. Young-sim Unne is under the weather, which is another factor slowing us down. The midnight was dark as space, and our shoulders felt heavy while walking with our heavy loads. We knew the way, but going by a small group was dangerous because North Korean soldiers could ambush us at any moment. We had to go to Gyeongju to join up with the others. After we passed Yongin, we took cover under a bridge when heavy rain pounded the street. We rolled out our blankets and had to sleep on the dirt. I was already tired of living this hard life, but I know it is vital that we reach Busan before the North advances on this area.

February 1, 1951

We arrived in Gyeongju, but there were only the citizens. All the immigrants from Seoul already left for Busan. Abba and Umma found a place on a hillside by the palace to rest a little.

By 8pm, 3 North Korean scouts spotted us as we rested our eyes.

They approached us and our whole family quaked with fear. Three rifles were pointed at us. I knew the end was near, so I closed my eyes thinking about my life before this nightmare. I lowered my head, then I remembered the gayageum I brought, which gave me an idea. I remembered my Seseung, and my training.

I quickly whispered to my Abba, "Please hide behind the big rock in the plaine with the family and wait until I join you." I pointed in the direction that would take my family towards Busan. Abba had a forlorn look on his face, since the situation was desperate he nodded in agreement. He called Umma and Unnes Obba, and they ran towards us.

While they ran away, I sat down, and played Arilang with my gayageum. I could see soldiers, eyes wide, looking at each other and saying "Wow" I thought calmly, about my Seseung, my family, and my countless hours of practicing. I wanted the song to continue forever allowing my family ample time to hide. Suddenly, without warning, I saw that my song had ended.

I thought, 'Should I run, or should I stay?' I then bowed and tried to speak out to save our family and myself, but I was scared to death, so no words would come out. I shut my eyes tight. 'What should I do?'

"Come with me." A soldier called me, and the two of them guarded the back. I trembled, as I followed them in the darkness. I didn't want to be separated from my family.

February 2, 1951

I was so sleepy, and the gayageum felt so heavy. We walked for ages and I didn't know where we were. My eyes were half closed and my pace got slower and slower. I missed Abba and Umma, also my Unnes and Obba.

Then I saw a small tent, far away. Realizing it was likely a North Korean tent, I felt my stomach turn!

When we went in, a man was sitting on a chair, looking at me. "Who is she?" He asked, looking at the soldiers.

"Dear general, this is a South Korean girl, and we found her at Gyeongju." He told the general all about what happened yesterday. "We didn't want to fuss about a South Korean child, but her music was awesome. We were going to make her and her family into slaves and soldiers, but after hearing her beautiful song, it changed everything." The soldier demanded that I play the same song as before. The general looked intrigued.

I sat down nervously and played the song Arilang again. The general eyes widened. He saw him concentrating on every tone.

After the song finished, he laughed and laughed. I couldn't understand what was at all so funny. "She is very talented! I could see why you brought her to me." He said with a grin.

Then he turned to me and looked straight into my eyes, "I really love music, I wanted to be a musician when I was a kid. Well, I'll be so glad to hear your music until I die. Will you live in North Korea with us?" He asked.

I wanted to refuse his offer, but I was so scared that our family would be executed. "I, I have a family, and I am South Korean. I'd love to stay with my family in the South." I rejected his offer, and I could see the general's mood turn sour. Is my family going to be executed..? I wondered.

Fortunately, he let me go. "See your Umma and Abba and your siblings." He told me, and he ordered the soldiers to free me to where I was before. I was so happy at the thought of seeing my family yet again.

I was able to find my family. We hugged until I couldn't feel my arms. I could feel the tears pass over my cheeks and make puddles on the ground. We happily walked towards Busan, thinking the worst was behind us.

2 years later...

July 27, 1953

The war was over, and we managed to earn our territory back, however a million citizens lost their lives. It was a relief that peace had finally returned to Korea.

"Umma," I told her, "Even in the darkest days, music can be our shield." And I could see her thinking back through the past 4 years.

적과 친구

글·그림_김예지

적과 친구

1장

"으악! 나는 프랑스인이 정말 싫어!" 나는 길을 따라 발을 쿵쿵거리며 걸었고 계속해서 투덜거렸다.

"무슨 일이니, 운영아?" 아버지께서 불쑥 말씀하셨다.

"글쎄, 프랑스인들이 왕의 친조부 무덤을 파헤쳐서는 시체를 훔쳤다는 소식을 들었습니다." 나는 으르렁대는 호랑이처럼 소리쳤다.

아버지는 눈을 굴리며 말씀하셨다. "프랑스인뿐만 아니라, 외국인들을 말하는 거구나. 그리고 그들 모두 이미 실패했단다! 나도 그들이 싫지만 어쩌겠니, 잊을 수 밖에."

"하지만 짜증이 나잖아요..." 나는 한숨을 쉬었다.

나는 1854년에 태어났고 현재 12살이다. 어머니는 내가 8살이 되던 해 폐렴으로 돌아가셨다. 내게는 세 명의 언니들이 있고 그들 모두 나름의 가정을 꾸리고 행복하게 살고 있다. 나는 친구가 많지 않고 사실대로 말하자면 친구들은 내 부모만큼 중요하다고 생각하기에, 나는 항상 친구가 없는 외로움을 느낀다. 나는 덕수궁 가까이에 산다. 아버지께서 나랏일을 하시는 분이라 사람들은 내가 양반처럼 행동하고 내가 누구를 만나든 차분하고 상냥하게 대하기를 기대한다. 나는 거리에서 또래의 친구들과 혹은 부모와 같이 노는 아이들이 부럽다. 가끔은 평범한 옷을 입고 북적이는 시장을 배회하며 그들 중 한 명인 척 행동하기도 한다. 그러면서 나는 진정한 기쁨을 느낀다. 평민들의 삶을 관찰하면서 그들의 삶에 대해 많은 것을 배웠다. 때때로 그들이 초라한 음식을 먹고 있는 것을 보면 가엽기도 하고 어떤 면에서는 그들에게 동정심을 느끼기도 한다. 전반적으로, 나도 그들처럼 자유롭고 싶다는 생각이 든다. 나는 외국인들에게는 안좋은 감정을 갖고 있었지만 최근에 그 생각이 바뀌는 사건이 있었다.

2장

 누군가가 소리쳤다. "여러분, 상왕께서 프랑스의 신부들을 처형하셨답니다!"

 "만세!" 사람들은 신이 나서 환호했다.

 "그런데, 열 명 중 한 명이 도망쳤다고 들었는데, 그게 나중에 문제를 일으킬 수도 있을것 같습니다." 라고 한 남자가 조심스럽게 말했다. 군중은 그것이 무엇을 의미하는지 알자 침묵이 이어졌다. 프랑스 신부들은 사람은 모두 평등하다고 말했지만 왕족은 이에 동의하지 않으며 그들을 처형한 것이다.

 그때, 곱슬머리에 파란 눈을 가진 한 소녀가 그녀의 아버지와 지나가고 있었다. 그녀는 분명히 한국인은 아니라는걸 알았다. 나의 아버지가 앞서 걷고 계실 때, 내가 물었다. "너는 이름이 뭐니?"

 "나는 클로이야" 그 소녀가 대답했다.

 나는 그녀가 한국인이 아니라는 것에 실망하며 "어디서 왔니?" 라고 물어봤다.

 그녀는 걱정스럽게 "프랑스"라고 내 질문에 대답했다.

 "뭐라고? 힐!" 나는 재빨리 그 자리에서 벗어나려고 했지만 그녀가 나를 끌어당겼다. 나는 내가 증오하는 사람에게 잡힌 것이다. "왜 여기에 있니? 너는 프랑스에 있어야 하잖아!" 나는 이 상황을 감당할 수 없었기에 목청껏 크게 소리쳤다.

"너의 나라에서 아홉명의 신부들을 처형했지?" 그녀는 팔짱을 끼고는 슬픈 표정으로 말을 했다.

"그래. 그런데 어떻게 알았어?" 나는 중얼거렸다.

"신부 중 한 명은 내 할아버지이셔. 그래서 아버지와 나는 이곳에서 비밀장례를 치를거야." 그녀가 말했다. 나는 순간 얼어붙었다. 난 정확히 무슨 일인지는 몰랐지만. 하지만 여전히 진심으로 프랑스를 경멸한다. 나는 있는 힘을 다해 그녀로부터 벗어나서는 길을 건너 아버지에게로 달려갔다. 나는 다시는 절대로 그녀를 만나고 싶지 않았다.

3장

 어제의 기억을 잊으려고 친구들과 집 근처의 정원으로 향했다. 친구들과 함께 있으면 난 저절로 미소를 짓게 된다.
 사샤샥! 어떤 소리가 들렸다! 어디선가 클로에가 불쑥 나타났다.
 나는 내게 어떤 일이 일어날지 불안한 마음에 침을 꿀꺽 삼켰고, 바로 그때 그녀가 내게 미소를 지으며 인사를 했다. 누군가가 우리를 본다면, 우리는 커다란 곤경에 처할 수 있다. 때문에 함께 멀리 도망쳤다. 우리는 구경꾼들의 시야에서 멀어질 때까지 뛰고 또 뛰었다. 마침내 집들 사이의 좁은 골목을 발견하고는 깊은 숨을 들이쉬었다. 오랜 달리기로 우리는 힘이 빠져 기진맥진했다.
 조금 진정이 되자, 나는 살짝 웃음이 나와서 "나와 함께 뛰어줘서 고마워."라고 말을 걸었다.
 "아니야, 사람들로부터 나를 구해줬으니 내가 고마워 해야지. 만약 내가 한국 포졸들에게 들키기라도 했으면 나는 내 가족과 영영 이별을 해야만 했을거야." 클로이가 감사의 미소를 지으며 말했다.
 클로이와 대화를 나누는 동안, 나는 그녀와의 대화를 즐기고 있다는 것을 깨달았고, 그녀가 친절하고 유익한 사람이라는 것을 알게 되었다. 만약 그녀가 프랑스 소녀가 아니라면, 그녀와 친구가 되고 싶다는 생각도 들었다.

"난 네 이름도 모르고 있었구나. 말해 줄래?" 그녀가 웃으며 물었다.

"난 운영이야." 라고 나는 대답했다. 나는 조심스럽게 눈을 찡긋했다. 우리는 함께 웃으며 농담을 주고받았고 그녀도 나와같이 있는 것이 재미있는것 처럼 느껴졌다.

그런데 순간 나는 몸이 얼어붙으며 겁이 나기 시작했다. "그런데 말야, 만약 우리 아버지께서 내가 너와 친구가 된 것을 아신다면, 내가 적과 어울린다며 날 혼내실것 같아!" 나는 앞으로 무슨 일이 일어날지 몰라 겁이나 소리쳤다. 우리는 잠시 멈춰 서로에게 일어날 일에 대해 생각할 시간을 주었다. 그리고 마침내 우리는 한가지 생각을 떠올렸다.

클로이는 흥분한 목소리로 "우리 아무도 모르게 친구가 되면 되지!"라고 말했고 이에 나도 동의했다. 재미있을 것 같으면서도 짜릿했다. 만약 우리가 나의 아버지와 그녀의 부모님으로부터 우리의 비밀을 지킬 수 있다면, 전혀 문제가 되지 않을 것이었다. 우리는 클로이가 프랑스인이라는 것을 다른 어느 누구도 눈치채지 못하도록 그녀가 모자를 써야한다는 것에 의견을 같이 했고 그리고 나서 다시 만나기로 약속했다.

4장

 그 후로, 클로이와 나는 거의 매일 만났다. 일주일이 지나, 나는 클로이와 장에서 만나고 집에 돌아와 대문을 여는데 아버지의 가슴이 나의 이마에 부딪칠 뻔하였다.

 "운영아! 지금 어디서 오는 거니? 거의 4시간 동안 너를 찾고 있었단다!" 아버지께서 대문에 서서는 내게 물으셨다. 나는 장에서 봤던 방울토마토처럼 얼굴이 새빨개졌다. 나는 아버지께 사실대로 대답하고 싶지 않았다.

 "아... 제가..." 하지만 나는 거짓말을 할 수 없었다. 정직이 바로 우리 집 가훈이었기 때문이다. "장에 있었습니다." 나는 한숨을 쉬며 말했다.

 아버지의 눈이 커지면서, "장에서 무엇을 한 게냐?" 라며 무서운 목소리로 나에게 물었다.

 "저, 전 제 친구와 함께 있었습니다." 라고 말을 하면서 아버지가 나를 때리실까봐 뒤로 물러섰다. "하지만 전 아버지께서 개의치 않으실 거라 생각했습니다. 방금 막 클로이를 만나고 오는 길입니다!" 앗! 나는 재빨리 내 입을 막았다. 클로이의 이름을 말해버렸기 때문이였다!!!

"클로이란 이름은 우리 한국의 이름이 아닌 것 같은데..? 그 친구는 어디 출생이냐?"

나는 아버지에게 차마 대답을 할 수가 없었다. "아버지, 그건…."

"그 친구가 어디서 왔는지 말해!" 아버지께서 외치셨다.

나는 눈을 질끈 감고, "프랑스요..." 라고 조용히 속삭였다.

하지만 아버지는 이내 들으시고는 "프랑스라고! 진작 알았어야 했는데!" 라며 대문쪽으로 향하여 발걸음을 옮기셨다.

"아버지!!! 저는…" 나는 아버지를 말리려고 했지만, 아버지는 문을 잠그시고 나에게 소리치셨다.

"지금부터, 너는 외출을 할 수 없다. 도대체 무슨 생각을 한건지!" 나는 아버지가 나를 아주 많이 야단칠 거라고 확신했다. 아버지는 너무 화가 난 나머지 몸이 냄비처럼 뜨거워지셨다. 난 계속 서당에 다니게 해 줄 수 있는지 물었다. 그러면 집에서 몰래 빠져나와 클로이에게 내가 처한 상황을 말할 수 있기 때문이다. 하지만, 이런! 운도 따라주질 않는다! 아버지의 대답은 단호했다. "절대 안 된다!" 나의 희망은 산산히 부서졌고 나는 바닥에 털썩 주저앉았다. 나는 아버지께 그동안의 일을 말씀드리고 내보내달라고 설득하려 했지만, 그는 이미 문을 잠그고 내 손이 닿지 않는 높은 곳에 자물쇠 열쇠를 놓아두셨다.

5장

 마침내 우리가 만나기로 약속했던 날이 돌아왔다. 나는 재빨리 의자를 끌어당겨 의자 위에 올라서서는 자물쇠의 열쇠를 손에 쥐었다. 나는 정말이지 아버지의 뜻을 거스르고 싶지 않았지만 클로이와 함께 아버지에 대해 의논해야만 했다. '음. 지금이 오전 8시고 아버지께서는 오후 5시에 일을 마치고 귀가하신다. 클로이와의 약속 장소까지는 걸어서 1시간 걸리니까, 오후 4시까지는 무슨 일이 있어도 돌아올 수 있겠지!' 나는 시간을 계산했다. 클로이와 9시에 만나기로 약속했기 때문에 서둘러야만 했다! 그리고는 열쇠를 갖고 서둘러 거리로 달려갔다.

 오전 9시가 되어 우리는 이 엄청난 문제를 어떻게 풀어야 할지 생각했다. 나는 내 계획을 말했고 그녀도 괜찮다고 동의했다. 좋은 친구를 얻기란 쉽지 않기 때문에 일을 성사시키기 위해서는 계획이 필요했다. 만약 계획이 틀어지면 상황은 더욱 악화될 것이었다. 내가 클로이에게 프랑스와 한국의 전쟁과 평화에 대해 말했을 때, 그녀는 내가 하는 말을 이해하지 못했다. 그녀는 내가 농담하는 거라고 생각했을지 모르지만, 나는 내가 한국인이기에 이 모든 것이 사실이라고 장담했다! 그녀는 그녀의 아버지가 이 사실에 대해 그녀에게 말하지 않았다는 것에 실망했다. 나 역시 그녀가 이 사실을 모르고 있었다는 것을 믿을 수 없었다.

"어쨌든, 그 계획이 효과가 있을까?" 그녀는 불확실한 어조로 내게 물었다.

"응! 그건 나한테 맡겨! 만약 네 도움이 필요하면 네게 연락할게! 너는 네 아버지께 말만 전해드리면 되는거야. 알겠니?" 나는 용감하게 말했다.

"좋아!" 그녀는 집으로 달려가 우리의 계획이 실행되기를 기다렸다.

6장

한 달 후, 아버지께서 정부 관리와 출장을 가기 위해 짐을 싸고, 나는 아버지가 한 달 남짓 집에 계시지 않을 것이라는 것을 알았다. 그동안 나는 혼자 집에 있어야 했지만, 전혀 문제가 되지 않았다. 이미 나는 수없이 혼자 지내 왔었기 때문이다. "집에 머물러야한다, 딸아." 아버지께서 말씀하셨다.

"네, 아버지." 나는 대답했다. 그것은 내 평생 첫 번째 거짓말이었다!

그가 집을 나선 후, 나는 열쇠를 가지고 문을 열고서 12살인 내가 감당할 수 있는 만큼 최대한 빨리 달렸다. 나는 내가 마치 사바나에 있는 치타처럼 느껴졌다.

마침내 나는 클로이를 그녀의 집 근처에서 만났다. 그녀의 집은 후암동에 있었는데, 그곳은 우리가 전에 마주쳤던 길 근처였다. 그녀는 집 안으로 들어갔고, 내가 할 수 있는 일은 창문을 조금 열고 안을 들여다보는 것 뿐이었다.

"클로이! 어디 있었니?" 클로이의 아버지는 그녀에게 소리치셨다. 그 모습은 내 아버지와 다를 바가 없었다.

"음, 저는…" 클로이는 제대로 말을 하지 못했다. 나는 한숨을 쉬었다. 만약 그녀가 우리가 친구라는 것을 말하지 않는다면, 내 계획은 결코 실현되지 못할 것이다.

"클로이는 저랑 장에 있었습니다!" 나는 그녀의 집에 들어서면서 그녀의 아버지께 말했다.

"클로이, 조선 여자애랑 같이 있었던거니? 진작 알았어야 했는데!" 우리 아빠와는 다르게, 클로이의 아버지는 나에게 물으셨다. "너의 아버지는 지금 어디 계시니?"

"아버지께서는 공무로 서울에 계십니다. 덕수궁 근처라고 들었습니다." 나는 클로이에게 한쪽 눈을 찡긋거리며 대답했다. 그녀도 나에게 눈을 찡긋거렸다. 내 계획이 효력을 발휘하는 듯했다.

분명히 클로이의 아버지는 나의 아버지를 만나는 것에 관심을 갖고 계셨다. 그녀의 아버지는 자신감에 찬 목소리로 "너희들의 우정에 대해 너의 아버지와 의논을 해야겠구나."라고 말했다.

우리는 미소지었다. 우리의 계획이 실행단계에 접어든 것이다.

우리는 클로이 아버지가 우리가 함께 가고 있다는 것을 눈치채지 않게 몰래 그의 뒤를 따라갔다. 클로이 아버지와 함께 우리는 마침내 서울에 도착했다. 우리는 나무 뒤에 숨어서 그가 나의 아버지에게 말씀하시는 것을 지켜보았다. 그들은 우리가 친구가 되는 것에 대해 논쟁을 벌이고 계셨다.

나는 뛰쳐나오며, "우리가 친구가 되면 어떠한 문제도 해결할 수 있을 겁니다!" 라고 소리쳤다. 그건 내 계획의 일부였다.

"운영아!!! 집에 있으라고 하지 않았니!" 아버지께서 소리치셨다.

나는 그가 그렇게 화내시는 것을 본 적이 없었다.

"저도 운영이의 말에 동의합니다." 클로이가 용감하게 대답하였다. 사실, 나는 그녀가 우리의 우정을 무척이나 소중하게 여기고 있다는 것을 알고는 놀랐다.

"클로이!" 클로이의 아버지께서 소리치셨다.

"아버지, 저는 아버지께 실망했어요!" 그녀가 대답했다. "지금껏 아버지께서는 저에게 아버지가 프랑스 군대의 장군이라고 말씀하신 적이 없을 뿐더러, 조선인들과 싸우고 계셨다는 것도 말씀하신 적이 없어요! 전쟁은 거의 종결을 앞두고 있고, 프랑스는 이길 수 없어요."

나의 아버지께서 조용히 중얼거리셨다. "나도 클로이가 옳다고 생각하오. 당신은 당신의 군대를 잃게 될 것이오."

"그러니 제발 우리가 다시 평화를 되찾을 수 있도록 도와주세요! 우리 계획을 들어주세요, 제발요?" 클로이는 그들에게 간청했다.

"알겠어. 계획이 무엇이니?" 클로이의 아버지께서 말씀하셨다.

나는 속삭였다. "들어보세요…"

7장

아버지와 나는 서울을 향해 가고 있었다.

"네가 너무나 자랑스럽구나." 아버지께서 미소지으며 내게 속삭이셨다.

나도 미소로 답했다. "저와 클로이가 평화 협상을 시작할 수 있도록 도와주셔서 감사합니다." 라고 속삭였다. 우리가 도착했을 때, 우리는 왕을 보기 위해 궁전 안으로 들어갔다.

"전하, 이문지 판서와 그의 딸 운영이 전하를 알현하고자 합니다."

문이 열렸다. 그곳에는 왕과 대원군이 계셨다.

우리는 무릎을 꿇고 고개를 숙여 존경의 표시로 절을 했다. 나는 약간 긴장하며 "전하, 저는 프랑스가 기력이 쇠해진 틈을 타서 한국이 이 전쟁의 종결을 위해 조금 물러설 필요가 있다는 것을 말씀드리고 싶었습니다." 라고 말했다.

대원군은 자랑스러운 미소를 지으시며, "너의 말이 옳다. 좋은 소식을 알려주어 고맙구나." 라고 말씀하셨다. 궁전 밖으로 나가며, 나는 갑자기 질문할 것이 떠올랐다. "왜 대원군께서 모든 나라일을 하고 계시지요?"라고 물었다.

"전하께서 어렸을 때, 대원군께서 왕을 위해 모든 일을 해 주셨고,

전하께서 충분히 나이가 드셨음에도 대원군께서 여전히 왕의 일을 하고 계신단다." 아버지께서 나에게 말씀해주셨고 나는 이해하게 되었다.

조금후, 나는 우리가 계획을 짜던 거리에서 클로이를 만났다. 나는 클로이에게 "어떻게 되었니?"라고 물었다.

"프랑스와 프랑스 군인들을 위해 이 전쟁을 멈추어 달라고 부탁했어."

그녀가 말을 마치기도 전에, 한 남자가 소리쳤다, "여러분! 프랑스가 후퇴했답니다!"

"야호!"

그리고 그 순간부터, 우리는 가장 친한 친구가 되었다!

공포의 전쟁 속으로

글·그림 – 김예지

공포의
전쟁
속으로

1장 모험의 시작

딩! 딩! 학교는 오후 3시 15분에 바로 끝났다. 금요일이기에 학생들은 학교 밖으로 뛰쳐나가며 환호성을 질렀다. 하지만, 그 누구도 나보다 더 신날 수는 없었다. 오늘은 내 생일이고 오늘 난 파티를 할 것이다. 예빈(나의 가장 친한 친구), 티나(웃긴 친구), 그리고 혜소(공주병 소녀)까지 모두 나의 파티에 참석하기 위해 나와 같은 버스에 탔다.

우리가 집에 도착했을 때, 많은 손님들이 우리를 기다리고 있었다. 예빈의 엄마, 티나의 엄마, 그리고 혜소의 엄마, 물론 내 부모님 모두 내 생일 파티에 와 계셨다. "생일 축하해!" 라고 그들이 말했다.

"혜진아, 학교에서 무엇을 배웠니?" 엄마가 내게 물었다.

"임진왜란요. 그런데 너무 지루했어요" 티나가 대신 대답했다.

"맞아. 나처럼 흥미 진진한 사람에게 임진왜란은 너무 시시해!" 혜소가 투덜거리며 자기애적으로 맞장구를 쳤다. "이렇게 아름답고 귀엽고 사랑스럽고 똑똑하고 멋있는 내가 왜 바보같은 역사를 배워야 하는지 이해가 안 돼."

"왜?" 엄마가 물었다. "왜 지루하니?"

그러자 티나가 말했다. "(한숨지으며) 역사는 그냥 너무 길어요!"

예빈도 티나와 혜소의 말에 동의했다. 나는 그들에게 한숨쉬며 내 방으로 가자고 말했다. "얘들아, 임진왜란에 대해 배우는 게 왜 지루해?" 나는 내 방에 들어가며 물었다. 하지만 그들은 멍하니 나를 쳐다보기만 했다.

　"우리가 왜 그것에 대해 알아야 하는데?" 티나가 마침내 물었다.

　"임진왜란은 일본과 한국 사이의 심각한 전쟁이었기 때문이지! 우리는 오늘날까지 이어지는 전쟁의 시사점에 대해서 생각해야해!" 나는 짜증내며 대답했다. 이렇게 말하면 친구들이 내 말을 이해할 거라 생각했다. 하지만 아무 소용이 없었다. 그들은 그냥 놀기만 했고 내 말을 계속 무시했다.

　그런데 갑자기, 윙윙거리는 소리가 들려왔다! 그 소리는 마치 태풍이 우리 집을 집어삼킬듯이 점점 더 커졌다! 우리는, 특히 나는 너무 겁이 났다. 그 다음에 무슨 일이 일어났는지 예상 못할 것이다. 그 충격적인 소리는 멈췄고 공중에 떠 있는 옅은 초록의 거대한 원이 나타났다. 그것은 마치 블랙홀 같았지만, 그냥 초록색이었다. 시계를 보니 오후 4시 45분이었다. 그 초록의 원이 우리를 흡수했고, 우리는 빙글빙글 돌았다. 그것은 우리가 예상했던 것보다 컸다. 나는 어지러웠지만, 우리가 어디로 가고, 무슨 일이 일어날지 더욱 더 궁금해 졌다. 그리고 예상치 못한 모험이 시작되었다.

2장 조선왕조의 시작!

1592년, 7월 14일

 우리는 모두 푸르스름한 블랙홀로부터 쿵 소리와 함께 빠져나왔다. 우리는 우리가 어디에 있는지, 언제인지도 몰랐다. 우리는 우리의 옷이 바뀐 것을 알 수 있었다. 우리의 청바지와 티셔츠가 한복으로 바뀐 것이다.

 "여기가 어디야?" 예빈이 두리번거리며 물었다.

 나는 "아마도 바다 가까운 곳이고 사람들은 조선시대의 옷을 입고 있는 것 같아. 마치 과거로 온 것 같아!" 라고 대답했지만, 우리가 집으로 돌아가기 위해 무엇을 해야 하는지 짐작할 수 조차 없었다.

 우리가 처한 상황에 대한 두려움으로 우리는 쥐죽은 듯이 아무 말도 하지 않았다. 단, 혜소는 예외였다. "얘들아, 여기서는 아름다운 것들을 많이 살 수 있어! 난 여기서 살고 싶은데! 야호!!!" 그녀는 환호했다. 우리는 한숨을 쉬었다. 우리는 무엇을 해야 할지 몰랐다.

 "우리를 빨아들였던 초록색 빛에 대해 사람들에게 물어보자!" 예빈이가 조심스레 제안했다. 그 이상한 빛에 대해 아는 사람이 있을지 확신할 수 없었지만, 아무도 더 나은 제안을 하지 않았다. 우리는 사람들에게 물어보러 갔지만, 예상대로 아는 사람은 아무도 없었다.

그때 뒤에서 비명소리가 났다. 우리는 뒤돌았고 혜소가 충격에 소리 지르는 것을 보았다. 몇몇 군인들이 날카로운 칼로 시민들을 죽이고 있었다! 그 광경을 보고 우리는 모두 소름이 끼쳤다. 갑자기 예빈이 소리쳤다. "달려!"

하지만 티나는 원치 않는지 "얘들아! 그 병사들에게 이유를 물어보자!" 라며 소리쳤다. 그리고 나서 티나는 혼자 군인들을 향해 걸어갔다. 우리는 모두 그녀가 다음 피해자가 될지 모르기에 그녀를 혼자 두고 싶지 않았다. 우리는 조심스럽게 그녀를 따라갔다. 그녀가 그들에게 물었다. "안녕하세요, 전 티나에요. 왜 같은 시민들을 죽이는 거죠? 혹시 당신은…"

그리고 나서 나는 손으로 그녀의 입을 막아서며 더 이상 아무 말도 하지 못하게 했다. 그리고 나는 속삭였다. "저들은 일본사람인거 같아! 그들의 복장을 봐!"

아니나 다를까, 일본군들이 우리를 돌아봤다. 그리고 나서 그들이 소리쳤다. "돌아가거라! 우리의 임무를 방해하지 말고!"

"당신의 임무를 방해한다고요? 하! 당신처럼 폭력적인 사람들에게 그들을 죽여달라고 부탁하는 사람은 아무도 없을 거예요!" 티나가 나를 무시하며 소리쳤다.

"티나! 안돼! 그들은 무장하지 않은 시민들을 죽인 것처럼 쉽게 그 칼로 너도 죽일지 몰라!" 예빈이 뒤에서 소리쳤다, "도망쳐! 그들이 우리를 해칠 거야!"

그리고 우리는 도망쳤지만, 곧 일본군의 포위망 안에 잡혔다.

나는 '그래, 지금 우리는 일본인들이 한국 사람들에게 무자비하게 굴었던 잔인한 시대에 있구나'라고 생각했다.

그때 예빈이 "이 혼란에서 벗어날 어떤 계획도 생각이 나지 않아. 아! 그들의 주의를 분산시키자."라고 우리에게 말했다.

우리는 소리를 질렀고, 10대의 다리가 달릴 수 있는 최대한 빨리 달리고 또 달렸다. 티나는 혼신의 힘을 다해 뛰었지만 바위에 걸려 덤불 속으로 떨어졌다. (다행히 공격자들로부터는 보이지 않는 곳이었다.) 나머지는 가능한 빨리 뛰면서 "아악!" 이라고 소리쳤다. 나는 일본 군인들을 좌우로 걷어찼고 군인들은 내 발길에 하나하나 쓰러졌기에 예빈과 티나가 이 괴물들로부터 벗어날 수 있었다.

그때 혜소가 울부짖는 소리가 들렸다, "살려주세요! 저는 이 나이에 죽기에는 너무 아름답고, 귀엽고, 사랑스럽고, 똑똑하고, 멋지고, 잘생겼단 말이에요! 전 이제 겨우 13살이라구요!!!"

나는 뒤를 돌아보았다. 칼을 치켜든 거구의 왜군에게 붙잡힌 채 혜소는 눈을 질끈 감고 있었다. 나는 혜소가 너무 아름답고 귀엽고 사랑스럽고 똑똑하고 멋있고 잘생겼다는 것에 동의하지 않았다. 그리고 내가 원한다 하더라도 그 일본인을 멈출 수는 없었다. 하지만, 그녀는 내 친구이고 그녀의 목숨은 구할 가치가 있었다.

나는 그 힘센 남자에게 소리쳤다. "저기요! 검을 내려놓고 그녀를 놓아주세요!!"

"아무 말도 하지 마!"라고 그가 외쳤고 그의 칼이 혜소의 머리 위로 떨어지기 시작했다. 나는 겁이 났고 서둘러 뭐라도 해야만 했다.

3장 이순신! 우리의 영웅!!!

나는 달려가서 검의 손잡이를 쳤다. 혜소가 비명을 지르는 소리가 들렸다. '내가 검을 떨어뜨렸나, 아니면 검이 혜소를 뚫어버렸을까?' 밑을 내려다보니 다행히 혜소는 아직 멀쩡했다. 그녀는 내가 아는 사람 중 가장 허영심이 강하지만, 내가 누군가를 구할 수 있다는 생각에 안심이 되었다.

" 혜소, 도망쳐, 지금이 탈출의 기회야." 그런데 내 뒤에서 칼을 들고 있는 일본군들이 보였다. 나는 침을 꿀꺽 삼켰다. '우리는 이제 끝났구나.' 그때 나는 한 일본 군인이 피를 흘리며 죽어가는 것을 보았다. 그리고 나서 나는 더 많은 일본 군인들이 죽는 것을 보았다. 한국 장군 한명이 우리를 구해주는 것을 보고 우리는 모두 깜짝 놀랐다.

남은 일본 군인들이 도망친 후에, 한국 장군이 나에게 "괜찮니?"라고 물었다.

나는 천천히 대답했다. "네, 그런 것 같아요…저는 혜진이고 이쪽은 혜소입니다. 여기는 티나와 예빈입니다. 음, 혹시 성함이 어찌 되시는지요?"

"이순신이다. 왜 물어보는거니?" 그가 궁금해하며 말했다.

나는 깜짝 놀라서는 "정말요?! 우와!"라고 말했고 예빈과 티나, 그리고 혜소에게 흥분하며 말했다. "이순신 장군은 임진왜란에서 23번 싸워 모든 전투에서 승리한 유명한 장군이셔. 그는 1545년 4월 28일에 태어나셨고 1598년 12월 16일에 사망하셨지. 1968년에는 서울 경복궁 앞에 그의 동상이 세워졌어." 나는 순간 그가 내 말을 듣고 있다는 것을 깨닫고는 그의 인생을 망치고 싶지 않았기 때문에 말을 멈췄다.

나는 그가 다른 군인들과 대화하는 것을 흘깃 보고는 안심했다. 그는 분명히 내 말에 귀 기울이지 않고 있었다. 그리고 나서 군인들이 행군했고, 지금이야말로 내가 전설적인 위인에게 질문을 할 수 있는 기회라고 생각했다. 나는 예빈과 혜소, 티나에게 임진왜란의 중요성을 보여주고 싶었기 때문에 우리도 전투에 참여할 수 있도록 허락해달라고 부탁했다. 하지만, 그는 나에게 13살은 너무 어려서 싸울 수 없다고 말했다.

나는 간절히 원했기에 한 번 더 부탁했다. "제발요, 제가 도와줄 수 있어요! 충성할 것을 맹세합니다!"

내가 여러 번 부탁했더니 드디어 그가 승낙했다. 나는 소리쳤다, "야호!" 그리고 예빈이랑 티나한테 같이 가자고 했다. 내가 혜소에게 같이 가자고 묻지 않은 이유는 바로, 혜소는 이미 권총과 검이 꽂힌 유니폼을 입고 있었기 때문이다. "야호! 이순신 장군과 싸우면 우리도 유명해질 수 있어!" 그녀는 치타처럼 거북선으로 빠르게 달려가며 소리쳤다.

그런데 예빈이가 고개를 저었다. "혜진아, 이건 위험해. 전쟁에서 사람이 죽는다는 건 알고 있지? 그래도 싸울 거라면 일본군이 좀 더

위력적으로 보일 뿐더러 전투를 잘 관찰하고 싶다면 일본군 편에서 싸우는 게 더 안전할 거 같아!"

"하지만 이순신 장군 전투에서 한국인들이 많이 희생되지는 않았어. 반면에 수많은 일본군들은 목숨을 잃었지. 한국은 이순신과 함께 23번의 전쟁에서 23번 이겼어."라고 나는 대답했다. 가끔 나는 그녀에게 짜증이 나곤 했다. "정말이야."

"그럼 너는 그쪽으로 가. 나는 일본 쪽에서 역사를 볼 테니. 티나, 나랑 같이 갈래? 네가 나와 함께 가고 싶지 않아도 괜찮아. 나 혼자 갈 거야." 그러자 티나은 예빈의 뒤에 바짝 붙어서는 일본군을 찾아 나섰다.

나는 큰소리로 외쳤다. "예빈, 너는 매국자야! 너희들이 매국자들이라건 알아둬!" (매국자들은 종종 자신들의 이익을 위해 자신의 나라를 다른 나라에 넘기거나 변절한 사람들을 일컫는다.) 그리고 나는 이순신을 향해 돌아섰고 그의 곁으로 걸어갔다. 나는 나와 함께 있는 유일한 사람인 혜소를 찾아야 했다.

4장 녹색/푸른 빛과 전쟁!

나는 혜소와 이순신 사이에 섰다. 혜소는 그 시대의 아름다운 것들에 빠져 있었고 나는 이순신에게 몇 가지 질문을 던졌다.

나는 그에게 "임진왜란은 언제 시작되었나요?"라고 물었다. 그런 질문을 한다는 게 이상하다는 건 알았지만, 나는 알아야만 했다.

"그것은 음……. 어디 보자… 아! 시작한 지 3개월하고도 하루가 되었구나!" 이순신이 대답했다.

그러다가 나는 오늘 한산도 대첩이 시작될거라는 사실을 떠올렸다! 나는 다시 그에게 돌아서서 물었다. "이런 질문을 해서 죄송하지만, 나와 내 친구들을 위해서 제 부탁을 들어줄 수 있을지요?" 나는 그가 알 수 있을지 없을지 확신하지 않은 채 물었다.

"무엇이냐?" 그는 나에게 물었다.

나는 "원을 만들고 블랙홀처럼 엄청난 양의 것을 흡수하는 녹색 빛에 대해 아는 것이 있나요?"라고 물었다. 나는 집에 돌아가고 싶었고, 이순신은 모든 것을 다 아는 것처럼 보였기에 이 질문에 대한 답도 알 수 있을거라 생각했다. 물론 예빈, 티나, 그리고 혜소 모두, 아 혜소는 아닐지도 모르지만, 집에 가고 싶다는 것에 동의할 것이다.

"음……녹색 빛이 생기기 전에 토네이도 소리가 나기 시작했니?라고 그가 물었다.

"네."

이순신은 생각하고 또 생각했다. 그러자 그가 대답했다. "음, 녹색은 역사를 나타내지. 그리고 파란색은 미래를 나타낸단다. 그런데 왜 나한테 이런 이상한 질문을 하는 거지?"

"아,... 그게……!" 나는 중얼거렸다.

"장군! 왕께서 장군님을 부르십니다! 서두르십시오! 긴급 상황이라고 하셨습니다!" 부하가 말하였고 사실 그때 나는 혜소와 함께 있어야 했지만 혜소는 자기가 너무 예쁘고 귀엽고 사랑스럽고 똑똑하고 멋있고 잘생겼다고 계속 말만하고 있었다. 나는 그녀의 행동을 생각할 때마다 한숨이 나온다. 그녀는 예쁘다. 하지만 나는 그녀가 그렇게 똑똑하거나 멋지거나 사랑스럽지는 않다고 생각한다. 그때 갑자기 펑 하고 귀를 가득 채우는 전쟁 소리가 들렸다.

"전쟁이다!!!!! 일본이 한국의 한산도에 왔다!" 사람들이 소리쳤다. 그때 이순신이 우리를 향해 달려오고 있는 것을 발견했다.

"이리 와! 전쟁이 시작되었어! 빨리! 위험해!" 그리고 그는 우리의 손을 잡았다. 사나운 장군이 남을 배려할 줄 아는 게 신기했다.

아참! 우리가 이순신과 함께 어디로 갔는지 궁금하지 않은가? 우리는 배로 갔다! 바로 이순신 장군이 지휘했던 배이다. 나는 너무 기뻐서 날아갈 것만 같았다. 이순신은 나와 혜소에게 가장 안전한 곳에서 노를 저으라고 했다. 그리고 전쟁이 시작되었다. 나는 가장 가까운 노를 주워서 노를 젓는데 사용했다. 곧 우리의 속도가

빨라지고 있었다. '와, 너무 쉬워!' 라고 나는 생각했다. 그리고 혜소가 잘 있는지 궁금해서 혜소를 찾으러 달려갔다. 하지만 나는 그녀가 자는 것을 보고 충격을 받았다. 나는 한숨을 쉬었다. "그러게 혜소가 너무 조용하다 했지. 어떻게 전투 중에 잠을 잘 수 있을까?! 혜소는 틀림없이 잠이 많은 걸거야." 라고 나는 혼잣말을 했다.

그리고 혜소를 깨우려 노력했다. 한 번도 아니고. 세 번씩이나! 처음에, 그녀는 계속 코를 골았고 또 골았다. 그리고 나서, 그녀는 잠시 눈을 떴고 곧 다시 잠을 자다가 또 코를 골았다. 마지막으로, 그녀는 "이 아름답고, 귀엽고, 사랑스럽고, 똑똑하고, 멋지고, 잘생긴 소녀의 사랑스러운 꿈을 방해하지 마!!! 으악!!!"이라고 소리쳤다. 나는 그녀에게 화가 났다.

"만약 네가 내 도움을 원하지 않으면 너는 여기서 혼자 살아갈 수 밖에 없어!"라고 내가 말했다. 그러다가 이내 이 역사 여행에 나 혼자만 빠져 있다는 생각이 들었다.

전쟁이 끝난 후, 나는 이순신에게 갔다. 혜소가 나를 따라왔다. "혜진아! 왜 날 깨우지 않았니!? 전쟁이 벌어지고 있을 때 이 아름답고, 귀엽고, 사랑스럽고, 똑똑하고, 멋지고, 잘생긴 소녀를 깨워야 했다고!"

나는 한숨을 내쉬며 "자고 있다며 나보고 깨우지 말라고 했잖아."라고 대답했다. 그리고 이순신 장군에게 시선을 돌렸다. "장군님, 푸른 녹색 빛을 만든 게 무엇인지요? 한산도 대첩 때문에 대답할 수 없으셨기에, 아니, 전쟁이요. 지금은 대답해주실 수 있으신지요?"라고 나는 물었다. "만약 제가 이 이상한 빛에 대해 더 알게 된다면, 집에 갈 수 있을 것 같거든요."

그는 내 머리를 쓰다듬더니 대답했다. "잘은 모르겠지만, 혜진아, 누군가 파란 열쇠를 가지고 있을 거야. 녹색 키를 찾으면 파란색 키를 찾을 수 있을 거란다. 파란색 열쇠는 구멍이 열리면 텔레포트하기 때문에 찾기가 더 어려울 지도 모르거든."

나는 흥분했지만, 그리 오래 가지 않았다. 그리고 나서 나는 녹색 열쇠를 찾을 계획을 갖고 주위를 둘러보았다.

때마침 나는 예빈과 티나를 찾고 있었다. 나는 녹색 열쇠를 찾는 데 도움이 필요했지만 그들에게 전화할 수도 없었다. 혜소가 도와주겠다고 했지만 계속 와이파이에 대해 소리만 지르고 있었다. 혜소는 훼방만 놓을 뿐이었다. 그리고 나서 나는 낯이 익은 두 사람을 본 듯 했지만 그다지 확신하지 못했다. 혹시 거기 예빈이랑 티나인가? 하지만 아니었다. 왜냐하면 그들이 일본인들과 함께 전쟁을 치르고 있기 때문에, 그들은 일본 편에 서 있어야 하기 때문이다. 이순신이 그들의 배를 모두 파괴했기 때문에 그들은 모두 바닷물에 흠뻑 젖어있을 터이다.

하지만 어찌된 일이지? 그건 바로 그들이었다! 그들은 부서진 일본의 배를 바라보고 있었고, 눈물이 그들의 뺨을 타고 흘러내렸다. 나는 그들이 화가 났다는 것을 알 수 있었지만, 그들은 그들이 잘못된 역사 편에 서 있다는 것을 깨달아야 했다.

그들이 한국을 배신했다고 생각하며 나는 그들로부터 멀리 떨어져 걸어가기 시작했지만, 결국 우리 모두 집으로 돌아가기를 원하기에, 나는 우리는 서로가 필요하다는 것을 깨달았다.

5장 일본인 친구, 샌

 한 걸음 한걸음 내딛을 때마다 나의 걸음 속도는 점점 더 빨라졌다. 내가 그들을 매국자라고 말한 것에 대해 그들이 잊어버렸으면 했다. 나는 '그들에게 소리 지를 것이 아니라, 그 전에 그들을 설득했었어야 했는데.'라고 생각했다. 한국이 전쟁에서 이겼을 때도, 그들을 발견했을 때도 나는 눈물이 내 뺨을 타고 천천히 흘러내리는 것을 느낄 수 있었다. 그들을 보았을 때, 나는 그들이 내 친구라는 것을 깨달았다. 아 이런! 티나가 날 봤어! 순간 바로 우리는 다른 사람들에게 눈을 돌려서 놀라긴 했지만, 나는 무심한 척 행동했다. "왜, 왜……" 티나가 불쑥 말을 건넸고 예빈은 몸을 돌려 화난 두 눈으로 나를 쳐다봤다.

 "왜 온거니? 가버려. 매국자들한테서 떨어지라고!" 그녀는 강한 목소리로 외쳤다. "가라고 했잖아!"라며 그녀는 울기 시작했다. 이번에는 모두가 그녀를 쳐다보았다.

 나는 그녀 가까이 걸어가 그녀 옆에 앉았다. 티나는 의심스러운 듯이 나를 지켜보았다. "왜 여기 있어?! 우리가 일본을 도왔다고 왕에게 전할 거야?! 가! 이 나쁜...!!!" 그녀가 소리쳤다.

 나는 한숨을 쉬었다. 그리고 예빈이의 등에 손을 얹고

"아무에게도 말하지 않을 거야. 우린 친구잖아, 기억나? 예빈아 울지 마. 제발! 네 기분을 상하게 할 생각은 없었어!"

하지만 티나가 나에게 소리쳤다. "설마! 그렇다면 왜……."

나는 그녀에게 화가 나서 소리쳤다. "내가 왕에게 말할 계획이 있는지 물었지? 그렇다면, 내가 왜 여기 있을까?! 네 도움이 필요해서 온 거야, 알겠냐?!" 나는 좀 더 차분한 목소리로 우리가 파란 열쇠를 찾아야 한다고 그들에게 말했다.

우리는 하루종일 빵 부스러기조차도 먹지 못했기 때문에 배가 고팠다. 나에게는 소원이 하나 있었다. 나는 집에 가고 싶었다. 나는 한숨을 내쉬며 주머니를 살펴보았다. 열쇠가 없었다. "안돼!!!" 우리는 소리가 나는 곳을 찾아 주위를 둘러보았다. 우리 또래로 보이는 소녀가 울고 있었다.

그러자 티나와 예빈이 소리쳤다. "샌! 무슨 일이니?!"

예빈이는 샌이라는 이름의 여자애의 말을 듣더니 같이 울기 시작했다. "샌? 네 이름이 샌이라고? 왜 울고, 왜 여기에 있는 거니? 옷차림을 보니 일본인인 것 같은데!" 라고 내가 의아해 하며 물었더니 샌은 본인은 도요토미 히데요시라는 일본의 사악한 장군이 자신의 가족을 이곳으로 보냈고 할아버지가 돌아가셨다는 소식을 듣고 이곳에 왔다고 대답했다. 그녀는 또한 우리와 같은 13살이라고 했다.

그리고는 할아버지의 죽음에 화가 나서 토끼처럼 이리저리 뛰어다녔고, 그때 나와 혜소, 예빈, 티나는 놀라운 것을 보았다.

거대한 사파이어처럼 보이는 것. 우리의 파란색 열쇠였다!!!

우리는 모두 이제 집에 갈 수 있다는 것에 감사했다.

샘은 그것을 다시 주머니에 넣었다. 샘이 나를 쳐다봤다. 그리고 나서 우리는 샘에게 파란 키에 대해 물었다. 그녀는 "나는 단지 너희들이 그것을 필요로 하는 지 몰랐어. 그냥 바닥에서 찾았어. 이것은 우리 가족의 가장 중요한 유산이야. 그런데 이게 왜 필요한 거니?"라고 궁금해 했다.

티나가 그녀에게 말했다. "음…. 사실 우리는 과거에서 왔어. 우리는 2015년에서 왔지." 그리고 나서 그녀는 우리가 어떻게 미래에서 과거로 왔는지에 대해서도 샘에게 말했다. "우리를 도와줄 수 있니?"라고 티나가 물었다.

"도와주고 싶어. 하지만, 이건 우리 가족에게 중요한 거야. 내가 괜찮을 지라도, 내 가족 역시 도와주고 싶어할지는 모르겠어. 그들은 너희들이 집에 갈 수 있도록 파란 열쇠를 절대 주지는 않을거야."

예빈이가 물었다. "그렇다면 타임홀을 열 때 한 번만 쓸 수는 없을까?"

그러자 샘은 파란 열쇠는 우리를 다른 곳으로 데려가는 텔레포트이고 3년 전에 그것을 너무 많이 문지르자 파란색 문이 생겼고 그 후 열쇠는 어디론가 사라져서 5주 동안 열쇠를 찾아야만 했었다고 말했다.

그러자 예빈, 티나, 그리고 혜소가 그 파란 열쇠를 사용하게 해달라고 요청할 수 있음에 매우 기뻐했다. 그리고 나서 우리는 그들이 우리에게 열쇠를 주지 않을 것임을 알고 있음에도 불구하고 그녀의 부모님에게 물어봤다.

그들은 안된다고 말했다. 그리고 그들은 우리가 그들의 가족을 돕는다면, 다시 생각해 보겠다고 우리에게 말했다. 그들은 우리에게 음식과 물을 주었다. 하지만 우리가 어떻게 샌의 가족을 도울 수 있을까? 그게 문제였다. 더 큰 문제는 혜소였다. 그녀는 부모에게 "당신은 이 아름답고, 귀엽고, 사랑스럽고, 똑똑하고, 멋지고, 잘생긴 소녀에게 그 보물을 주고 싶을 거예요!"라고 말했다.

"하지만 이건..." 샌의 아빠는 파란 열쇠를 가리키며 말했다.

"아니, 그 파란 열쇠가 아니라 저는 저기 빛나는 보석을 원해요. 그건 저처럼 아름답고, 귀엽고, 사랑스럽고, 똑똑하고, 멋지고, 잘생겼어요!" 그녀는 눈을 반짝이며 말했다.

우리는 그녀의 모습에 부끄러움을 느꼈다. 우리는 종종 "혜소!"라고 외쳤지만 그녀는 이미 다른 세상에 있었다.

"음. 만약 저희가 파란 열쇠를 얻을 수 없어도 집으로 돌아갈 수는 있을 거예요. 감사합니다." 하고 나는 예빈, 티나, 혜소를 불러서 다시 한산도로 여정을 떠났다.

6장 진정한 매국자가 나타났다!

　우리가 한산도로 이동하는 동안, 나는 샘에 대해 계속 생각했다. 나는 그녀를 그렇게 좋아하지 않았고, 게다가 그녀는. 일본인이다. 나는 일본을 정말로 싫어해서 예빈이에게 샘에 대해 물어봤다
　"예빈아, 샘에 대해 너는 어떻게 생각해?"
　그러자 예빈이가 잠시 나를 쳐다보고는 마침내 "왜?"라고 물었다.
　"그냥." 나는 (한숨쉬며) "나는 그냥 샘이 별로 좋지는 않아."라고 말했다.
　"정말?! 어떻게 그렇게 말할 수 있니?!" 예빈이 화를 내며 소리쳤다. 예빈은 마음에 상처를 받은 것 같았다. " 샘은 친절하고, 귀엽기도 해! 그녀는 가난해서 우리가 그녀는 도와주기도 했지. 그녀가 일본인이고 약간 부정적인 경향이 있다는 것을 제외하면 우리와 다를 게 없어."
　"그래서 내가 그녀를 좋아하지 않는 거야, 알겠니!? 나는 그녀가 일본인이기 때문에 그녀를 좋아하지 않아!!! " 나는 만화책을 읽고 있는 나를 본 엄마처럼 목소리를 높였다.
　"샘은 널 미워하지 않아!"
　"그냥 그녀가 싫어! 그녀도 나를 화난 듯이 쳐다봤어! 네가

보지 못한 건 알지만, 난 봤어… 정말이야!" 나는 혜소와 티나를 쳐다보았다. "예빈아, 나는 지금 너랑 다니고 싶지 않아. 혜소도 나와 같이 갈거야. 티나, 너도 나와 같이 갈래? 네가 만약 예빈이를 도와준다면 너는 일본편에서 전쟁을 하고 패할 거라고 확신해. 나는 네가 우리와 함께 가는 게 더 나을 거라 생각해."

"어, 알았어…"라고 티나가 말했고, 우리 셋은 예빈한테서 떠났다.

7장 일본인과 우리의 적 예빈

우리는 이순신을 다시 만났다. 이순신은 이제 우리의 가족 구성원인 듯, 오랫동안 연락이 끊겼던 삼촌처럼 행동했다. 그는 매우 바빴음에도 우리를 돌봐 주었다. 그는 이기기 위해 많은 전쟁을 치뤘다. 티나와 혜소는 역사의 중요성에 대해 배웠다. 특히 임진왜란에 대해서 말이다. 어느새 1597년이 되었다. 전쟁이 끝나기 1년 전이다. 끝을 맺는다는 건 우리의 영웅, 이순신의 죽음을 일컫는다.

전쟁이 너무 오래 지속되어 마치 삶의 평범한 부분처럼 느껴졌다. 만약 사람들이 "일본이 __를 공격할 것이다!"라고 소리친다면, 일상처럼, 우리는 생존자들을 돕기 위해 보트를 타고 그곳을 향해 간다. 물론 대부분의 경우 혜소는 그냥 잤다.

이순신이 감옥에서 나왔을 때 나는 매우 기뻤다. 하지만 그가 감옥에 있는 동안, 원정이라는 장군이 전쟁에서 패배했다. 이제 13척밖에 남지 않았기에 이순신은 다시 장군이 되었다. 그날, 우리는 전쟁에 나갔다. 사람들은 "일본이 명량을 공격할 것이다!"라고 외쳤다. 그리고 나서 우리는 일본의 해군에 대비하기 위해 평소와 같이 보트를 탔다.

이순신은 이번에는 배가 13척밖에 남지 않아서 걱정스러워 보였다. 그는 "전진하자!"라고 소리쳤지만, 그들이 심하게 열세였기 때문에 아무도 싸우려 하지 않았다. 이어 이순신은 "죽음을 두려워하면 죽게 될 것이다. 하지만 나라를 위해 용감해진다면 살아 남을 것이다!"라고 외쳤다. 그리고 오직 우리 보트만이 싸우러 나갔다.

30분 동안 한국 배 한 척과 일본 배 333척이 싸웠다. 이순신은 많은 배들을 파괴했고, 곧 다른 배들도 모두 이순신과 함께 전투에 참여했다. 선원들은 최선을 다했고 결국 우리가 이겼다!

하지만 오늘, 나는 매우 친숙한 사람을 보았다. 누구일까? 엄마? 아빠? 예빈? 일본 배에 두 명이 있었기 때문에 그 사람이 예빈이 일거라고는 생각하지 않았다. 나는 할 수 있는 최선을 다했다. 잠시 볼 수 있을까? 잠시만, 혹시...

예빈이랑 샌? 나는 노를 바다에 빠뜨렸다. 나는 그들을 응시했다. 나는 이제는 예빈에게 그녀가 매국자라고 말해야 한다고 확신했다.

나는 내 배에서 나와서는 가라앉는 배에서 헤엄쳐 나온 예빈과 해안에서 만났다. 그녀는 흠뻑 젖어 있었다. "예빈아! 뭐 하는 거야?! 왜 일본 배에 타고 있는 거야?!!!" 나는 소리쳤다. "이제야 알 것 같아. 너는 일본인이 되고 싶어해. 매국자가 되는 데 평생을 바치고 싶다면, 그냥 여기서 살다가 다시는 돌아오지 않으면 돼!" 그리고 나는 발을 구르며 되돌아왔다. 이 정도면 충분하다고 생각했다.

"혜진아! 혜진! 멈춰! 잠깐 얘기 좀 해." 예빈이가 소리치며 달려왔다. "나는 내 계획이 옳은 선택이라고 믿었어."

"네 계획이 뭔데!?" 짜증나는 말투로. "뭐냐고?!" 내가 따지듯이 물었다.

 그러자 예빈이가 나에게 "집에 가고 싶지 않니? 샘의 엄마가 만약 우리가 그들을 도와주면 열쇠를 빌릴 수 있다고 했어! 나는 그들에게 잘 보이려 했단 말이야!"

 나는 진정이 되었고 분노는 잦아들었다. 나는 이어 "하지만 그것은 네가 일본 편에 서서 그들을 도와야 한다는 것을 말하는 게 아니야. 우리, 뭔가 다른 생각을 해보자."라고 말했다. 그리고 제안했다, "함께 계획을 세우는 건 어때? 혜소와 티나가 배에 있어! 어서 가자!" 하고 말하고 우리는 이미 배에서 나오고 있던 혜소와 티나에게 달려갔다.

8장 샘을 위한 우리의 비밀 계획

우리는 모두 동그랗게 둘러앉아 그 계획에 대해 생각했다. "우리가 가서 그들이 우리와 함께 하기를 원하는지 물어봐야 할까? 그들은 일본의 장군인 도요토미 히데요시를 좋아하지 않는다고 말했어! 그들은 그 일본 장군이 두렵다고 말했어." 예빈이가 말했지만 나는 고개를 저었다. 그리고 "우리가 도와준다면 이순신은 대체 어떤 기분이 들까?"라고 말했고, 마침 아이디어가 떠올랐다. 나는 그들에게 모두 말했고, 우리의 계획은 바로 시작되었다.

우선, 티나는 샘의 가족에게 한국에서 행복하게 살 수 있을 지를 물어봤고 샘의 아버지는 고민 중이라고 말했다. 그들은 일본의 병사들이 자신들의 계획을 알게 될까봐 두려워했다. 그리고 나서 예빈이와 나는 샘의 가족이 한국인인 척하는 것을 도왔다.

그러나 우리는 이순신의 죽음을 잊고 있었다. 지난번 노량해전 전투에서 이순신은 일본군이 쏜 총탄에 맞아 전사했다. 우리 모두는 슬픔에 잠겼다.

1년 뒤 일본 군은 일본인들을 모두 모아 일본으로 돌아갔고 병사들은 샘의 집을 지나쳐 갔다. 문제는 해결되었다.

9장 집으로 돌아가며

예빈, 티나, 혜소, 그리고 나는 샘의 가족이 잘 지내는지 보려고 샘의 집으로 걸어가고 있었다. "이것은 모두 나의 아름답고, 귀엽고, 사랑스럽고, 똑똑하고, 멋지고, 잘생긴 계획 덕분이야!"라고 혜소가 말했다. 정말로, 6년 동안 그녀는 조금도 변하지 않았다!

그러고 보니 우리의 키가 변하지 않는 것이 조금 이상했다. 나는 모든 것을 바꾼 생일파티가 생각이 났다. 아, 부모님이 보고 싶었다, 꼭 만나고 싶었다. 하지만 우리를 보호해주는 사람이 없더라도 이곳에 머무는 것도 나쁘지는 않은 것 같다. 나는 우리가 치뤘던 전쟁에 대해서도 생각했다. 임진왜란의 마지막 전쟁인 노량해전에서 이순신 장군이 죽었기 때문에 이순신 장군은 그곳에 없었고, 일본인들도 모두 한국을 떠났다. 물론 샘과 샘의 가족은 제외하고. 나는 미소를 지었다. 이제 한반도에 평화가 다시 찾아왔다.

우리는 샘의 집에 도착했다. "샘? 샘! 거기 있니?" 티나가 물었다, "샘!" 그러다가 뜻밖에도 온 가족이 나왔다. "오, 안녕하세요! 헤헤..." 티나가 대답했다.

"너희들이 티나, 혜소, 혜진, 예빈이니?" 샘의 아버지가 물어보셨고 우리는 모두 그렇다고 대답했다. 그리고 그는 우리의 손을 잡았다. 그의 손은 우리 손에 비해 컸다! "고맙구나." 그는 "바다에서 우리 딸의 생명을 구해준 예빈이에게 고맙고, 우리를 죽음으로부터 구해준 너희 모두에게 너무 고맙구나"라고 말했다.

"음... 그런데 왜 한국에 오려고 하셨어요?"라고 나는 물었다.

그는 대답했다. "왜냐하면 우리는 전쟁을 싫어하고, 한국과 싸운다면 반드시 패배할 거라고 생각했기 때문이야. 어쨌든, 그게 오늘 너희들을 만나려고 했던 이유는 아니야. 너희들에게 이것을 주고 싶었어." 그리고 나서 샌의 아빠는 우리에게 상자를 하나 건넸다. 우리는 그것을 열었고 모두 숨을 헐떡였다. 파란 열쇠!

"이걸 우리에게 주시는 건가요?" 나는 매우 고마워하며 물었다.

"그래, 우리는 너희들의 도움에 감사하기 때문에 약속을 지킬거야. 이제, 너희들의 가족은 더 이상 기다릴 필요가 없을 거야. 이제 가도 된단다." 그는 안전한 여행을 하라고 신호로 내 어깨를 가볍게 두드렸다.

"고맙습니다!!! 정말 감사합니다!" 우리는 모두 소리를 지르며 거리로 나갔다. "안녕히 계세요!" 라고 인사 하고, 열쇠를 힘껏 문질렀다. 토네이도 소리가 나더니 구멍이 우리를 흡수했다.

나는 내 침대에 착륙했고, 나머지 친구들은 쿵하고 바닥에 떨어졌다. 나는 시계를 보았다. 모험하기 전과 같은 시간이었다. 4시 45분이었고, 시간은 흐르지 않았다. 그때 문이 열렸고 우리 엄마였다. "어떻게 된 거니? 왜 그렇게 시끄러운 거니?" 엄마의 불평에 내가 대답했다.

"엄마, 우리 모험을 했어요!" 모든 어른들은 내가 거짓말하고 있다는 듯 쳐다보았다

"그래요! 우리도 임진왜란의 중요성에 대해 알게 되었어요!"라고 예빈이가 동의했고, 우리 모두는 임진왜란에 대한 사실들을 말하기 시작했다.

"이런! 너희들 어찌 이리 변했니?"라고 아버지가 물으셨다.

티나가 "하아, 이야기가 길어요!"라고 대답했다.

엄마는 어깨를 으쓱하시며 "음, 그래, 거실에 있는 수박 좀 먹으렴."이라고 우리에게 말했고, 우리는 우리의 모험에 대해 생각하면서 수박을 먹었다.

2년 후…

엄마와 아빠가 거실에서 나를 불렀다. "너에게 줄 선물이 있단다." 엄마는 나에게 말했고, 가장자리에 초록색으로 장식이 된 작은 상자를 나에게 건네셨다. 상자를 열자 초록빛 섬광이 집 전체를 에워쌌다. 그때 나는 에메랄드처럼 보이는 녹색 열쇠를 보았고 그것은 나에게 너무 익숙한 것이었다.

"그것은 너를 과거로 가게 해주는 열쇠야. 또한 과거로 가면 언제든 파란 열쇠를 찾을 수 있고." 아빠는 나를 보면서 미소를 지었다. "네가 좋아할 거라 생각했단다."

하지만, 나는 너무 놀라서 아무 말도 할 수 없었다. 우리를 모험으로 이끈 것은 다름 아닌 나의 부모님이셨다.

가야금의 힘

글·그림_김예지

가야글의
힘

1950년 6월 25일 (오전)

오늘, 나는 지금껏 가장 무서운 소식을 들었다. 우선, 그날은 여느때와 다름없는 평범한 아침이었고, 나는 우리 가족의 그림을 그리면서 부채질을 하고 있었다. 그때 어디선가 소리가 들렸다. 그건 바로 영이 언니의 목소리였다.

"영아야! 어디있니?" 그녀가 소리쳤다. 복도에서 쿵쿵거리는 소리가 들렸다.

"여기 있어!"라고 나는 대답했고, 언니를 보기 위해 방을 나왔다.

그녀는 겁에 질려서는 순식간에 달려와 나를 붙잡았다. "북한이 오늘 남한을 침략했대." 그녀는 호흡곤란을 일으키며 말했지만, 나는 그녀의 말을 믿지 않았다. 그녀는 거짓말 하는 것을 무척이나 즐겼고, 나는 언니의 말이 사실이라기에는 너무 믿기 힘들다고 생각했다.

"언니, 좀 진지해져." 나는 눈을 굴리며 말했다. "언니 벌써 16살이잖아. 이제는 좀 진실도 알아야 할 때잖아"라고 말하고 나는 내 방으로 들어가려고 몸을 돌렸다. 하지만 그때 언니가 나를 붙잡고 정문쪽으로 끌었다.

"봐봐!" 그녀가 가리키면서 말했다. 나는 언니 말이 진짜라는 것을 알 수 있었다! 사람들이 이리저리 뛰어다니며 전쟁을 대비하고 있었다.

"영아야! 영이야! 영심, 영호 그리고 엄마를 데리고 집안으로 들어가거라!" 아빠는 우리에게 뛰어 오셨고 집안으로 들어갔다.

나는 영이언니를 바라보았다. " 그게 사실이야?" 나는 놀란 표정을 지으며 물었다. 그녀는 고개를 끄덕였고, 우리는 우리 가족을 찾기 시작했다. 전쟁이 시작되었다.

1950년 6월 25일 (저녁)

소문을 듣긴 했지만 이렇게 빨리, 그리고 예측없이 전쟁이 일어나게 될 거라는 건 꿈에도 몰랐다. 북한 군인들이 서울을 침략했다. 우리는 짐을 싸고 도망칠 시간이 없었다. 우리는 문을 잠갔고 나와 영호 오빠, 영이언니, 영심언니는 내 방으로 서둘러 들어갔다. 우리는 담요 밑에 숨어서 두려움에 떨고 있었다. 우리는 머리 위에서 폭탄이 터지는 소리를 들었다. 우리는 부모님이 안전하신지 몰랐기에 더욱 가만히 있을 수 없었다. 그때 엄마가 비명을 지르는 소리가 들렸다. 그들은 우리를 향해 달려와 우리를 끌어냈다. 하지만 그 사이 아빠가 북한 군인들에게 잡히셨다.

엄마는 군인들의 눈에 띄지 않기 위해 우리를 나무 뒤로 숨기셨다. 그리고는 "조용!"라고 말하셨다. 그녀의 목소리는 칼처럼 날카로워 있다. "조용"는 "쉿"을 뜻하는 한국어이다.

우리는 아빠를 끌고 가는 사람이 누구인지 힐끗 보기위해 천천히 나무몸통 옆으로 머리를 내밀었다. 북한 사람들이 우리가 가진 값진 것들을 약탈하는 것을 보았다. 그리고 나서 그들은 우리 집에 불을 지르기 위해 횃불을 던지려고 했다. 아빠는 그들을 막으려 했지만, 되려 그들은 아빠를 짓밟기 시작했다. 순간 아빠를 구하려는 나를 엄마는 붙잡았고, 조금이라도 움직이면 안된다고 말씀하셨다. 나는 아빠가 우리 가족을 살리기 위해 적에게 항복하는 모습을 목격했고 그의 뺨을 따라 흘러내리는 눈물을 보았다.

그날 그 북한군들은 우리에게 동정심을 느꼈는지 우리가 떠날 수 있도록 풀어줬다. 이웃들은 우리가 작고 동그란 집을 지을 수 있도록 흙더미를 주었고 우리는 그 안에 두꺼운 이불을 깔았다. 우리는 다시 따뜻함을 느낄 수 있었고 어느 정도의 보호를 받게 되었다.

나는 붓과 종이가 있어 매일 일기를 쓸 수 있었기에 그나마 안심이 되었다.

1950년 6월 30일

나에게는 16살 쌍둥이 언니와 18살 오빠가 있지만, 우리는 돈을 벌 수 있는 마땅한 방법을 찾을 수 없었다. 우리는 6월 25일에 갖고 있던 500원으로 지금껏 살아오고 있었다. 우리 가족은 하루에 사과 반 개를 나누어 먹었다. 5일째가 되자, 모든 돈이 다 소진되어, 우리는 굶어 죽을 지경에 다다랐다. 그런데 오후 5시쯤 한 여인이 우리를 방문했다.

아빠는 그녀를 우리 집 안으로 모셨다. 그녀는 매우 메말라 있었다! 놀랍게도, 그 여인은 그녀의 기생집에 가서 기생이 되어 중요한 사람들을 위해 음악을 연주하거나 춤을 출 수 있는 7살에서 12살 여자 아이를 찾고 있었다. 그녀는 엄마에게 그 일은 돈을 많이 준다고 말했다.

우리 부모님은 염려하셨다. 그들은 나를 보내고 싶어하지 않으셨지만, 나는 내 가족을 돕고 싶었다. 나는 그 여인에게 나는

8살이고 기생이 되고 싶다고 말했다. 그녀가 미소 지었다.

나와 그 여인은 나의 부모님을 바라보았다. 그들은 한숨을 쉬었다. 그들은 내가 가는 것에 동의했고 나는 그 여인과 함께 떠났다. 그리고 그녀는 나에게 그녀의 예술을 가르쳐 줄 것이라고 말했다. 나는 걸어가면서 엄마가 나를 쳐다보는 것을 느낄 수 있었다. 나는 그녀가 용기를 내기를 바라고 이것이 가족을 위한 최선이라고 생각했다.

1950년 7월 1일

나의 가야금 스승님은 기본, 앉은 자세, 연주법, 그리고 기생집 악기 소리를 알려줬다. 그녀는 나를 위해 시범을 보여 주셨다. 그 소리는 내 엄마의 가락만큼 아름다웠다. 그 노래는 편안했고, 나는 그 가락이 너무 좋았다. 스승님께서 노래를 부를 때 매우 우아해 보였다. 그녀는 나에게 그 노래의 제목이 아리랑이라고 말씀하셨다.

"어떻게 생각하니?" 그녀가 물었다.

"너무 좋아요!" 나는 감동적인 어조로 그녀에게 지금 해보고 싶다고 말했다. 그녀는 천천히, 그리고 침착하게 나에게 가르쳐 주셨다. 나는 내 가족을 위해 이 기술을 배우는 게 얼마나 중요한지를 알기에 집중했다.

해질녘이 되자 나는 하루 일당 100원을 받았다. 나는 엄마의 얼굴에 지어 질 미소를 상상하며 행복하게 100원을 가지고 집으로 뛰어 갔다.

1950년 7월 3일

나의 스승님은 내가 배운 것을 습득하는 속도에 놀라워하셨다. 단 3일밖에 되지 않았음에도 나는 아리랑을 외운 것이다. 그녀는 부모님께 내가 정말 재능이 있다고 말씀하셨다. 또한 나에게 가야금을 선물로 주셨다.

순간, 나는 너무 행복했다. 나는 구름 위에 떠 있는 것 같았다. "감사합니다!"라고 나는 그녀를 껴안으면서 말했고 그녀는 미소를 지었다. 그녀는 그녀의 부모님을 뵈러 가야 하기에 나 혼자 두 달 동안 독학을 해야 한다고 말했다.

"영아야, 계속 연습하거라, 그리고 네가 어른이 될 때쯤이면 넌 유명한 음악가가 될 거야." 그녀가 나에게 말했고, 나는 고개를 끄덕였다.

나는 '내가 아는 모든 노래를 독학할거야!'라고 다짐했고, 그녀는 우리 가족이 가난에서 벗어날 수 있도록 돕겠다고 말했다. 그녀는 아빠에게 2만원을 줬고, 그것은 우리가 배고픔에서 벗어나기위해 필요한 것을 사기에 충분했다. 그때 나는 나의 스승님이 하늘에서 내려온 천사라고 생각했다.

1950년 7월 5일

가야금을 독학으로 배우는 것은 쉽지 않았지만, 나는 겨우 며칠 만에 아리랑을 실수 없이 연주할 수 있었다.

나는 스승님으로부터 중요한 사람들이 놀고 쉬는 기생집에 가서

공연을 하라는 말을 들었다. 저녁에 모든 귀족들이 떠나면, 그 때 나는 내 가족에게로 돌아갔다.

나는 스승님로부터 받은 2만 원과 내가 번 돈이 우리 가족의 재산을 크게 변화시킬 수 있다는 걸 알고 있다.

우리 가족은 매일 잘 먹을 수 있게 되었다. 나는 전쟁이 시작된 이래 지금 가장 기분이 좋다. 나는 우리 가족이 전쟁 전처럼 평범하게 살 수 있기를 바란다.

1950년 7월 28일

오산 전투에서 맥아더 장군이 이끄는 유엔군이 패했다고 들었다. 우리는 남한 사람이지만, 지금은 북한의 영토에 있다. 첫날처럼 사람들이 폭탄과 총알을 피해야 하는 전쟁터에 있는 것 보다는 나았다. 나는 내가 얼마나 운이 좋은지 느꼈고, 나는 살인과 죽음이 없는 평화로운 세상을 원했다. 나는 이 싸움이 빨리 끝나기를 바란다.

1950년 9월 28일

나는 웃어야 할지 슬퍼해야 할지 모르겠다. 남한과 유엔이 서울을 되찾을 수 있었기 때문이다. 하지만, 우리는 숨어서 피난을 가야만 했고 치열한 전투를 치르는 가운데 많은 사람들이 희생을 당했다. 나는 남한과 북한에서 느끼는 모든 죽음과 고통에 마음이 좋지 않았다.

1950년 9월 30일

아빠는 나의 가야금 스승님께서 지난 28일에 북한군에 의해 죽음을 당했다고 말씀하셨다. 이렇게 사랑스러운 사람에게 그런 짓을 하다니 정말 충격이었다.

난 믿을 수 없어 소리쳤다, "그건 사실이 아니에요! 스승님은 돌아가시지 않았어요!" 그리고는 정말 그런 일이 있었는 지 확인하려고 기생집을 향해 달려갔다. 하지만 그것은 사실이었다.

하루 종일, 나는 아무것도 하지 않았다. 밤이 되자, 나는 이 엄청난 슬픔을 이겨내야 한다는 것을 알았다. 나는 슬픔을 잊기 위해 최선을 다해 "천년바위"라는 노래를 연주했다.

나는 창문으로 오빠가 나를 엿보는 것을 알았다. 오빠는 엄마와 아빠께 와서 내 연주를 보라고 했다. 나는 연주를 계속했고 지켜보는 많은 시선들이 있다는 것을 알았다. 그들은 놀라며 나를 지켜보았다. 그들은 내 연주가 끝나자마자 돌아가서는 내가 어떻게 내 스승님의 죽음에 대처하는 지에 대해 이야기하기 시작했다. 나는 그녀의 죽음에 너무 큰 유감이지만, 나는 앞으로 나아가야 한다는 것을 알고 있다.

1951년 1월 5일

내일, 우리는 남쪽에 있는 부산으로 피난을 가야만 한다. 서울이 다시 북한의 침략을 받았기 때문이다. 여기는 난리통이다. 같이 이동하는 것이 더 안전하기 때문에, 우리 가족은 내일 다른 서울

사람들이 남쪽으로 이주할 때 함께 할 것이다. 북한 군인들은 남한의 남자들이 북한에 합류하지 않으면 나무에 묶고 사살하는 방식으로 처형해 왔다. 그래서 아빠와 영호 오빠를 위해서라도 우리는 떠나야 했다.

1950년 1월 7일

우리집 같은 대가족은 줄을 서서 따라가는 게 어렵기 때문에, 우리는 다른 일행을 놓쳐버렸다. 영심언니가 몸이 좋지 않았고 그게 우리의 이동 속도를 늦춘 이유이기도 했다. 밤은 우주처럼 어두웠고 무거운 짐을 지고 걷는 내내 어깨가 무척이나 무거웠다. 우리는 길을 알고 있었음에도, 북한군이 언제든 매복할 수 있기 때문에 작은 규모로 가는 것은 위험했다. 그래서 우리는 다른 사람들과 합류하기 위해 하루빨리 경주에 가야만 했다. 용인을 지나는데 폭우로 거리가 잠기자 우리는 다리 밑으로 숨었다. 우리는 담요를 펴고 흙 위에서 잠을 자야 했다. 나는 힘든 일정에 이미 지쳤지만, 북한군이 이 지역까지 점령하기 전에 부산에 도착하는 것이 중요하다는 것을 알고 있었다.

1951년 2월 1일

우리는 경주에 도착했지만, 그곳에는 오직 경주시민들만 있었다. 서울에서 이동하던 모든 이민자들은 이미 부산으로 떠난 것이다. 아빠와 엄마는 궁궐 옆 언덕 위 잠시 쉴 곳을 찾으셨다.

오후 8시 쯤, 우리가 잠시 눈을 붙인 사이 북한 정찰병 3명이 우리를 발견했다.

그들이 우리에게 다가오자 우리 가족 모두는 두려움에 떨었다. 세 자루의 소총이 우리를 겨누고 있었다. 나는 이제 끝이 다가옴을 느끼고는 이 악몽이 있기 전의 내 삶을 생각하며 눈을 감았다. 나는 머리를 숙였고 마침 갖고 온 가야금이 생각났다. 그때 문득 어떤 생각이 떠올랐다. 나의 스승님이 기억났다.

나는 재빨리 아빠에게 속삭였다. "가족이랑 저 들판의 큰 바위 뒤에 숨어서 제가 돌아올 때까지 기다려 주세요." 나는 가족을 부산으로 이끌 방향을 가리켰다. 아빠는 쓸쓸한 표정을 지으셨지만 상황이 절망적이었기 때문에 어쩔 수 없이 내 말에 동의하며 고개를 끄덕였다. 그는 엄마, 언니 그리고 오빠를 불렀고, 그들이 우리를 향해 달려왔다.

그들이 도망치는 동안, 나는 앉아서 가야금으로 아리랑을 연주했다. 북한군들이 눈을 동그랗게 뜨며 서로를 바라보고는 "이 아이 좀 봐."라고 말하는 모습이 보였다. 스승님과 나의 가족, 그리고 수없이 연습했던 많은 시간들을 차분하게 생각했다. 나는 우리 가족이 숨을 수 있는 충분한 시간을 줄 수 있도록 그 노래가 영원히 계속되기를 바랐다. 하지만 갑자기, 아무런 예고 없이 내 노래는 끝이 났다.

나는 '도망칠까, 아니면 남아 있을까?'라고 생각했다. 그리고 나서 나는 인사를 했고 우리 가족과 나를 구하기 위해 뭔가를 말하려 했지만, 겁이 나서 아무 말도 할 수가 없었다. 나는 눈을 꼭 감았다. '어떻게 해야 하지?'

"나와 함께 가자." 한 병사가 나를 불렀고, 나머지 둘은 우리의 뒤를 엄호했다. 나는 덜덜 떨며 그들을 따라 어둠 속으로 걸어갔다. 나는 내 가족과의 이별을 원하지 않았다.

1951년 2월 2일

졸음이 쏟아졌고 가야금은 너무 무거웠다. 우리는 오랫동안 걸었고 나는 우리가 어디에 있는지 알 수 조차 없었다. 눈은 반쯤 감기고 발걸음이 점점 더 느려졌다. 나는 아빠와 엄마 그리고 언니와 오빠가 그리웠다.

그리고 저 멀리 작은 텐트가 보였다. 그것이 북한군의 텐트일 가능성이 높다는 것을 깨닫자 나는 속이 울렁거렸다!

우리가 그 텐트 안으로 들어갔을 때, 한 남자가 의자에 앉아서는 나를 쳐다보았다. "저 여자애는 누구인가?" 그는 병사들을 바라보며 물었다.

"장군님, 여기는 남한 처녀인데 저희가 경주에서 데리고 왔습니다." 그는 어제 있었던 일을 장군에게 모두 말했다. "저희는 남한 아이 하나 때문에 소란을 피우고 싶지 않지만, 이 아이의 음악은 너무나 아름다웠습니다. 저희는 이 아이와 가족을 모두 노예와 군인으로 만들려고 했지만, 그녀의 아름다운 노래를 듣고 나니, 생각이 바뀌었습니다." 그 군인은 나에게 어제와 같은 노래를 연주하라고 요구했다. 장군은 호기심에 찬 표정이었다.

나는 긴장한 채로 앉아서 아리랑을 다시 연주했다. 장군의 눈이 휘둥그레졌다. 나는 그가 모든 음색에 집중하는 것을 보았다.

연주가 끝난 후, 그는 웃고 또 웃었다. 나는 뭐가 그렇게 우스운지 전혀 이해할 수 없었다. "너는 재능이 아주 뛰어나구나! 너희들이 왜 그녀를 내게 데려왔는지 알 것 같네." 그는 웃으며 말했다. 그리고 나서 그는 내 눈을 똑바로 쳐다보았습니다. "나는 음악을 정말 좋아하네. 어렸을 때 음악가가 되고 싶었거든. 음, 죽을 때까지 네 음악을 들으면 정말 기쁠 거 같은데, 혹시 우리와 함께 북한에서 살 텐가?"라고 그가 물었다.

나는 그의 제안을 거절하고 싶었지만, 우리 가족이 처형될까 봐 너무 겁이 났다. 하지만 나는 "저에게는 가족이 있고, 저는 남한 사람입니다. 저는 남한에 있는 제 가족과 함께 머물고 싶습니다."라며 그의 제안을 거절했고, 장군의 기분이 언짢아지는 게 보였다. 우리 가족이 처형되는 건 아닐까? 궁금했다.

다행히 그는 나를 풀어주었다. "엄마와 아빠와 형제들을 만나거라." 그는 나에게 말했다 그리고 그는 병사들에게 내가 전에 있던 곳으로 데려가서 나를 풀어주라고 명령했다. 나는 가족을 다시 볼 생각에 너무 행복했다.

난 가족을 찾았다. 나는 내 팔에 감각이 없을 때까지 그들을 껴안았다. 나는 눈물이 내 뺨을 흘러 내려 바닥에 웅덩이를 통과하다 만들 정도로 울었다. 우리는 최악의 사태를 뒤로하고 행복하게 부산을 향해 걸어갔다.

2년 후...

1953년 7월 27일

그 전쟁이 끝나고, 우리는 우리의 영토를 가까스로 되찾았다. 하지만 수만명의 시민들이 목숨을 잃게 되었다. 마침내 남한에 평화가 찾아와 안도의 숨을 쉴 수 있게 되었다.

"엄마, 가장 어두운 시대에도, 음악이 우리들의 안식처가 될 수 있다는 걸 알았어요.". 라고 나는 말했다. 그리고 나는 지난 4년이 그녀의 머릿속에 주마등처럼 지나고 있는 것을 알 수 있었다.

BETWEEN THE
WAR

초판 1쇄 발행_ 2023년 01월 27일

지은이_ 김예지
펴낸이_ 김동명
펴낸곳_ 도서출판 창조와 지식
인쇄처_ (주)북모아
출판등록번호_ 제2018-000027호
주소_ 서울특별시 강북구 덕릉로 144
전화_ 1644-1814
팩스_ 02-2275-8577

ISBN   979-11-6003-538-4(73800)
정가   6,500원

이 책은 저작권법에 따라 보호받는 저작물이므로 무단 전재와 무단 복제를 금지하며,
이 책 내용을 이용하려면 반드시 저작권자와 도서출판 창조와 지식의 서면동의를 받아야 합니다.
잘못된 책은 구입처나 본사에서 바꾸어 드립니다.